まえがき

一八歳で「社長になる」という夢を掲げて三四年。苦しい時期もありましたが、今では夢を叶え、社員数一七〇名の会社の社長を務めています。一九歳から続けている人材教育の事業に魅力を感じ、三三歳で独立。多くの方の支えのおかげで二〇周年を迎えることができました。現在までに約一万六〇〇〇人の若者の指導に携わり、日本を支える次世代のリーダー育成に尽力してきました。

毎月一時間。一〇〇〇人の二〇代、三〇代の若者に対して、日本の未来を一緒につくっていこうという想いのたけや、自身の過去の話をしています。まさに全身全霊をかけた私の一番大切な時間です。

若者にしか通用しない話だけをしていてはいけないと思い、「親を呼んでください」と伝えたところ、社員や弊社に学びに来ているメンバーさんのご両親が聴きに来てくださるようになりました。

また、取引先企業の方、かつての上司、部下、マスコミ関係者や同業者、教育関係者などにもご来場いただくことが増えました。

私の講演を聴いた、とある企業の社長から「この話は、今まで本にしなかったの?」「面白いから本にして若者に読んでもらったら?」と言われたのがきっかけで、非売品の小冊子を四〇〇〇冊作り、二〇代を中心に八五歳の方まで幅広く読んでいただきました。「感動した。一気に読んだよ」「電車の中で読んでいて、涙が止まらなくてどうしようかと思った」「やる気を分けてもらった」。

予想を超える反響をいただき、また、みなさまの後押しやご協力もあり、本書の出版を決意しました。初版から一六年。一八歳の時と同じように夢を見て、夢を叶えてきました。この一六年の私の挑戦も、ぜひ若者に伝えたいと思い今回の増補改訂に至りました。

一〇代~二〇代の頃、世間知らずで不勉強だった私は、ほんの少しの経験と知識だけで物事を判断していました。

会社の社長や著名人、有識者に対しても「雲の上の人」「自分とは住む世界が違う人」と思っていました。全員が立派な方で私なんかは到底足元にも及ばないと思い、最初から勝負を諦めていました。

しかし、学び始めて努力を積み重ねていくと必ずしもそうではないということに気づきました。当然のことですが、どれだけすごくてもみなさん「人」であることには変わりません。長所も短所も人それぞれです。画面の向こうや紙面の中では華やかでも、見えない部分のほうが圧倒的に多いのです。

金なし・コネなし・学歴なしでスタートした私ですが、だんだんと「自分にだって一つくらいできることはある！　人に負けない何かがあるはずだ！」となんの根拠もなくそう思うようになってきました。

仕事を一つひとつクリアしていくなかで、社会人としての評価も上がり、社員のこと、地域のこと、日本のことも考えるようになっていきました。

夢や目標は大きくなるほど、叶えていくことが難しくなるでしょう。どんなに困難だと思われる夢や目標も、原動力となるのは「絶対にやってやる」という情熱だと私は思っています。実際に私の話を聴いて情熱を持った若者たちが自分の会社や家族、友人関係などで良い影響を与えているというお話もたくさん耳にしています。本気の情熱があれば、たった一人でもそのやる気が周りに伝播《でんぱ》していくのです。

周りに対して劣等感ばかりのスタートだった私ですが、今ではありがたいことに私を目標にしてくださる方々も出てきています。プレッシャーもありますが、いつまでも目標であり続けるために、成長し続けていきたいと思います。

本書には夢を叶えるために奔走した私のエピソードを数多く載せています。これからの日本の未来を担う若者たちが夢を見て、夢を叶えて、夢になる人生を歩んでいくためのヒントになれば大変光栄に思います。

夢を見て
夢を叶えて
夢になる
［増補改訂版］

目次

装幀――フロッグキングスタジオ
編集協力――柏木孝之

1

才能で人生が決まると思うな

二〇代の若者に、何が必要か。
よい人生を歩んでいくためのヒントとして、次の四つについて語りたいと思います。

1　すべてが自分の武器になる
2　ギブ、ギブ、ギブ&どうぞ
3　器を広げよう
4　あなたが夢になれ

これらの言葉の意味は、本書を読み終わる頃には、わかっていただけると思います。
はじめに、はっきりさせておきたいことがあります。
「世の中、才能ではない」ということです。
何かを成し遂げようとする時に、ことあるごとに才能の有無を言い訳に持ち出す方がいます。もちろん、世の中には、例えばメジャーリーガーの大谷翔平選手、NBAの八村塁《はちむらるい》選手、将棋の藤井聡太さんをはじめ、才能がある、天才だと言わざるを得ない人もいます。そう考えてしまいたい気持ちもわかります。しかし、自分に対してそれを言ってしまってはおしまいです。

たった一回しかない人生なのに「才能がない」と言って努力もせず、ぐずぐずして終わるのですか?

世の中、才能ではありません。そう言い切れる理由を、コンプレックスの塊だった私の半生を振り返ることで示したいと思います。

私は青森県のむつ市出身です。今はそれを誇りに思っていますが、若い頃は田舎の出身であることが恥ずかしく、出身地を聞かれることが嫌でした。

実家は、農業とともに、「室舘商店」という雑貨屋を私の祖母が経営していました。父は魚を仕入れて車で移動販売をする行商です。父親は「イカ、イカ、イカ」と言いながら車で移動販売をしていて、それを友達が真似をしてからかうので、何度もケンカになりました。

そんな兼業農家で、私は三人兄妹の次男坊として生まれました。農家出身というのも、昔は恥ずかしかったものです。

兄と妹がいましたが、三人兄妹の中では私が一番両親に迷惑をかけていました。服はいつも泥だらけで、中学生になってもおねしょが治らず、家族の中でものすごく気まずい思いをしました。治す努力はしたのですが、これればかりはどうしようもありませんでした。

でも母は、おねしょに関して一度も怒ることはありませんでした。黙って濡れたパジャマやシーツを洗い、布団を干してくれました。自分だけ余分な洗濯物を作って、ただただ申し訳ないという気持ちでしたので、そうした母の愛情には本当に助けられました。

母は躾《しつけ》には本当に厳しくて、他の家で生まれたかったと思ったほどでした。兼業農家ですから、田んぼや畑の仕事は家族みんなでするのですが、子どもだから野球やサッカーをやりたい。しかし、そんなことを言って遊びに出かけようものなら、「家のことはみんなでやるものだ」と怒鳴られました。

食事に関しても、好き嫌いを言うことは絶対に許しませんでした。だけど、「いい成績を取れ」とか「もっと勉強しろ」というようなことは一回も言われたことはありませんでした。

母は、私の人格形成に最大の影響を与えてくれた人です。私は母が休んでいるところをほとんど見たことがありません。朝は五時頃に起きて、まず薪《まき》ストーブの火を焚《た》きます。むつ市は夏でも寒くて、六、七月になってもストーブを手放せません。火を焚かないのは、一年の中で八月一日から十五日ぐらいの二週間だけで、八月後半から薪ストーブを使っていました。特に朝は寒いので、母は五時起きで薪ストーブを焚いていたのです。

私は中学一年生から高校三年生までの五年間、新聞配達をやっていましたが、朝起きるとすでに薪ストーブが焚いてありました。父も魚の仕入れがありますから早起きでした。母は、私や父が出かけるまでのほんの少しの時間のために、早起きをして薪ストーブで部屋を暖めてくれたのです。

家の玄関から国道に出るまでに二〇メートルくらいあって、雪が降った日は、道路まで自転車で出られません。そんな時に、玄関から道路までの雪かきを朝早くからしていてくれたのも母でした。

その後も、魚を仕入れた後、八時ぐらいに出かける父に弁当を持たせて、トラックへの荷積みもして、それが終わったら今度は畑や田んぼに行って働きました。商店の店番をしながら仕入れの問屋や近所のおばあさんたちのフォローもしていました。お店は半分集会所みたいな場所になっていて、私が小学生の頃も、土日などに朝起きると知らないおばあさんが居間でお茶を飲んでいました。

このように、母は休みなく働いていました。畑や田んぼの仕事、店番、洗濯、父の商売のフォローと、常に動いているという印象でした。だらだらしているところは一度も見たことがありません。商売が休みの日でも、畑に行っていました。

そんな母の姿から、私は大きな影響を受けているように感じます。

青森という土地は、言葉のやり取りが希薄な地域です。アメリカなどでは「おまえを愛しているよ」とか「俺は期待しているよ」と自分の気持ちをありのままに表現しますが、真逆なのが青森です。言葉での愛情表現とか期待の言葉などは全《まった》く口にせず、背中で語るというのか、無言のやり取りばかりでした。口にしたとしても、せいぜい「気をつけて」ぐらいのものでした。ある意味ではサバサバしているのでしょう。

母もそんなふうに背中を見せて、人として大事な生き方を教えてくれたように感じます。

話を戻しますが、少年時代の私は深刻なあがり症でした。きっかけは小学校五年生の時。リーダー気質でもない私が内申点目当てで学級委員長に立候補したのです。でも人の前に立った時に急にあがってしまい、言葉が全く出なくなってしまって、クラスをまとめることができず、すぐに同じクラスの宮下さんに交代させられてしまいました。宮下さんはすごく上手にクラスをまとめていました。実力のない人間がやる気を出すとろくなことがないんだなと思ったとともに、私の中で大きな失敗体験になったのです。

そのトラウマから人前で話せなくなって、国語の音読すらできなくなっていきました。人前で話す、ということに極度に緊張してしまうあがり症が私の心身に刻まれてしまったのです。

あがり症は、東京に来てからも治りませんでした。新入社員のスピーチも、私だけ、あまりうまくできませんでした。それが少しずつ治ってきたのは営業を経験するようになった一九、二〇歳ぐらいで、本当に人前でちゃんと話せるようになったのは三〇歳になった頃です。今の私を知る人からは「考えられない」とよく言われますが、鍛えて鍛えて、経験して経験して、今に至っているのです。

スピーチは大の苦手で劣等感がありましたから、まさかあがり症の自分がこういう仕事するとは夢にも思いませんでした。考えてみると、結局、自分に自信がなかったのでしょう。声にもコンプレックスがありましたから、喉《のど》が何度も潰《つぶ》れるぐらい発声練習をして、声の質自体を変えていきました。努力して、少しずつ自信がついていったから、人前でも話せるようになったのだと思います。今では祝詞《のりと》やお能をやったりしてグレードアップしています。

自分がそういう経験をしているので、「あがり症は治りますよ。スピーチもうまくなりますよ」と自信を持って言えます。

いじめを受けた経験もあります。かくれんぼで私が鬼になった時に、みんなが示し合わせて友だちの家に行ってしまって、それを知らずに、帰ってしまった友だちをずっと探していたこともあります。それに気づいた時には、本当に悲しい気持ちになりました。

生意気なところもあったのかもしれません。小学六年生の二学期に、番長グループの一人が、

「納豆は腐らして作るんだ」

と言ったのに対して、私が

「違う。納豆は加工して作るんだ」

と生意気を言ったところ、それが癪《しゃく》に障《さわ》ったようで、私はクラス全員から無視をされました。それは小学校を卒業しても続いて、中学一年生まで無視され続けました。

いじめられて、仲間外れにされていなかったら違う人生だったと思います。でも、そういう体験をしたからこそ、人の孤独さとか、いじめられる辛さとかがよくわかります。数学者の藤原正彦先生もよく言われていますが、集団でいじめちゃダメだとか、強い者が弱い者を殴っちゃいけないとか、男が女を殴っちゃいけないとか、当たり前のことですけれど、仲間外れにされた経験があるから、人を傷つけてはいけないと心の底から理解できるようになりました。

今は、リーダーシップについて教えていますが、弱い者に目を向けるというのは人の上に立つという時の大切な条件の一つだと思います。それを実体験の中で学んで腹落ちしていますから、「ダメなものはダメだ」と自信を持って言えるのです。

その他、勉強は普通、スポーツも普通という、なんのとりえもない少年でしたが、小学五年生から始めたバスケットボールだけは少しは普通よりできたようです。けれどもあがり症のせいで、試合本番ではいつも、実力をなかなか発揮できずにけっこうミスをしました。

中学一年生ではレギュラーになりましたが、二年生になるとうまい人間が入ってきて補欠になり、三年生になってもぎりぎりのレギュラーという感じでした。

高校に入ってもバスケットボールは続けました。高校二年のとき、ルーズボールを追いかけて壁に激突し、頭を切って床を血の海にしたことがあります。まわりの人が真っ青になっているのに、私は笑っていました。

それから一週間も経たないうちに、頭にネットをかぶって練習に復帰し、先生に褒《ほ》められました。実力が無い分、根性を示すしかなかったのです。

キャプテンでもありませんでした。生徒会長をやったわけでもないし、リーダーをやってきた人間でもありません。先ほどのあがり症もあって、人前に立つことに極度の苦手意識もありました。

人の上に立つような経験をしたことがない私は、「田舎の農家出身」「おねしょ」「いじめ」「あがり症」もあって、全く自分に自信がありませんでした。

NBAのビデオを見て憧《あこが》れ、将来は拓殖大学か日本大学のバスケットボール部に入って、そこで活躍してNBAに行きたい、などと思ったこともありますが、身長も伸びず、うまくもなれなかったので諦《あきら》めました。でも今思えばそれは、才能のせいにして言い訳をしていたのだと思います。身長が小さくてもNBAで活躍するような選手もいます。当時の私は、努力不足だったのだと思います。

中学一年生から高校三年生まで新聞配達のアルバイトをしていたと言いましたが、新聞配達の初任給は月収八〇〇〇円でした。高校三年生になってようやく二万四〇〇〇円。六年間続けたアルバイトで、五〇～六〇万円は貯金ができました。

新聞配達を休んだのは五年間で一日だけ、マイナス一八度の日だけでした。高校時代は夜中の一二時頃に家に帰って来ることがありました。それでも、翌朝は五時に起きて、新聞配達に行きました。それを見て両親も「新聞配達はちゃんと行くんだな」と感心することもあったようです。

高校一年生の時、朝日新聞から表彰されました。休まず、ミスも少なかったので、販売店が推薦してくれたのだと思います。

高校二年生の時に、兄が日本体育大学に入ったのですが、その時点で私は家の経済力を考え、二人も私立大学に行かせることはできないだろうと思い、大学進学を諦めました。

「大学に行きたい」と親に言えば行けたのかもしれませんが、言えませんでした。

大学進学を諦めてからは高校三年生になってものんきにしていました。

アルバイトもしていて、学生ながら金銭的にも余裕があり、当時、スノーボードとビリヤードに熱中しました。実家に近い恐山《おそれざん》の麓《ふもと》のスキー場に年間三〇回ぐらい通い、スノーボードの練習をしました。ビリヤードでは大会で優勝した経験もあります。

その頃『フリーター』という映画を見て、「自由でいいな。東京に出て、スノーボードとビリヤードのプロをめざしながらアルバイト生活をするのもいいな」と思いました。

ですから、バカな私は進路志望の欄《らん》に「フリーター」と書いて提出しました。担任の藤井先生は当時まだ二三歳の女性でした。「いいかげんにしなさい」と涙ながらに怒られて、私はなぜ怒られているかあまり理解していませんでしたが、就職を決めようと思いました。

当時選べた就職先は、ビックカメラ、デニーズとスーパーサカガミでした。悲しいことに、ビックカメラもデニーズも青森には無かったのでわかりません。よくわからないまま、スーパーサカガミに就職先を決めました。

新幹線で上京し、上野に着いた時は感動しました（当時は上野が終着駅でし

ゲレンデにスノーボードはほとんど見当たらなかった頃（筆者左端）

た）。むつ市と違って暑いし、人は多いし、行き交う人がみんなすごい人に見えました。

男性はみんな凛々《りり》しく、女性はみんな美人に見えました。こんなところで生きていけるのかと思いました。

上野で精いっぱいで、新宿、渋谷、池袋なんて、怖《こわ》くてとても行けません。都会に潰《つぶ》されるかと思いました。

スーパーサカガミに入社し、会社の寮に入り、スーパーの店員になり、月給一二万円をもらって幸せでした。ぺこぺこしていれば先輩にもいじめられないし、みんな優しくしてくれました。ただ、対馬先輩の四の字固めとバックドロップは痛かったです。

寮費は一五〇〇円。飽きたら青森に帰って、田舎で暮らせばいいやと軽く考えていました。

そして相変わらず自分に全く自信がありません。田舎者で、親は兼業農家で、高卒で、外国語も話せない。他の人の華やかな部分ばかりを見て、自分はダメだと劣等感を持っていました。コンプレックスの塊でした。

そうした中でも、普通のサラリーマン生活をエンジョイしました。カラオケ、ビリヤード、ボウリングをしたり、食事に行ったりして、楽しかったです。


そんな時、忘れもしない六月二五日に、友だちの木村君から、

「おもしろい話があるんだけど」

と紹介されたのが、今の私の仕事につながる、リーダーシップや帝王学を教える小さな勉強会でした。

小さなセミナーでしたが、意識の高い人や、ＮＥＣ、富士通、早稲田大学など

上京して間もない頃

に在籍する人がいて、私にとっては大きなカルチャーショックでした。

二泊三日の研修は、とても厳しい研修でした。その研修の中で、夢を持つことの重要性や、簡単に夢は叶《かな》わないことや、結果が大事だといったことを叩《たた》き込まれました。今までの努力の基準が根本から覆された感覚で、成功する者の基準というのは本当に厳しいんだなと感じました。

合宿の帰り際にインストラクターから言われた言葉があります。

「皆さんがこの先、この合宿と同じくらいの基準で努力を続けるなら、どんな夢でも必ず叶うから頑張りなさい。しかし、ほとんどの人間が、この基準を忘れてしまいます。だから夢を叶えられる人は少ないんだよ」

その時は「そんなものかな」と思ったものですが、今振り返ると、本当に大切な言葉だと思います。

その厳しい研修をともに乗り越えた仲間たちのうち、その後も学び続け、努力を続けたのは数人でした。夢を叶えるための努力を続けられる人は思いの外、少ないものです。

研修から帰った後、先輩から「研修でもらったプリントを一年間読み続けなさい」と言われて、素直だった私は三六〇日は読みました。

今でもその研修での経験と、もらったプリントは宝物です。ノートに糊《のり》で貼《は》っていますが、しわくちゃで黄色くなっています。平成元年七月一八日にその研修を卒業したことは、今でも忘れません。

当時の私は夢すら持てませんでしたが、聞かれれば答えました。担当スタッフの人と、こんな会話をしたことがあります。

「室舘くんは一生アパート暮らしでいいの？」

「いやです」

「じゃあ、家を買うの？」

「たぶん買うでしょう」

「いくらの家？」

「わかりません」

「東京で買うの？　青森で買うの？　それとも外国？」

「わかりません」

「でも、今のうちから夢を見つけないと買えないよ」

そう言われて、私もできるだけ具体的に夢を考えました。

とにかく大きな家をイメージしました。二〇畳のリビングルームに大きなテレビや観葉植物があって、窓から海が見えます。部屋は冬でも床暖房で暖かく、ゆったりとしたソファーでワインを飲みながら、大画面で映画を鑑賞したり、高級オーディオで最高の音楽を聴いたりします。家の前にはバスケットコートがあって、いつでもバスケットボールができます。

夏にはスキューバダイビングをしたり、浜辺でバーベキューをしたり、避暑地でゴルフをしたりしたいと思いました。

給料が一〇〇万円だったら……とか、預金が三〇〇〇万円あったら……と考えていました。

現実は給料一二万円のスーパーの店員で、二人部屋の寮住まい。畳の部屋に十四インチの小さなテレビでした。セミナーを聞きに行く時も、スーツを買うお金もなくて、Tシャツとジーパンで、ポケットには一〇〇〇円札が何枚か入っているだけでした。

その頃の私はベンツ、BMWなどの高級車を見ると「あいつは絶対悪いことをしている」と思いました。

すごい美人の女性を連れて歩いている男を見ると「あれは絶対兄妹だ」と思いました。

夢と現実とのギャップを受け入れられず、自分を守るために性格がひん曲がっていました。

かといってスーパーの店員のまま、明るい将来ビジョンを持てたかというとそうではありません。いい仲間は多かったのですが、その会社には私が憧れるような三〇代、四〇代の人はいませんでした。

「自分は将来、社長になるんだ。でもこのままじゃダメだ」

昔から自信のない私でしたが、このままで人生を終わりたくない、という気持ちもありました。現実が夢から一番遠ざかっているときに決意をしました。スーパーの店員に就職してから一年後、縁があって、一九歳で人材教育をする会社の営業スタッフに転職をしたのです。

2

青森に帰れと一〇〇回言われ
口が裂けるまでしゃべりの練習

転職した会社のビジネスは貴金属、スーツ、車などを卸値《おろしね》で買える権利を三〇万円で売るというものでした。販売権を売る仕事です。「これで商売ができますよ」という提案をするのですが、多くのお客さんは権利を買ってもすぐには商売ができないので、アフターフォローとして、成功するための考え方、心構えの勉強会などを提供し、人材教育をしていたのです。

目標はトップ営業マンになることでしたが、やってもやっても売れませんでした。

「おまえには才能が無い。青森に帰れ！」

と上司に言われました。

殴《なぐ》られはしませんでしたが、青森に帰れというのは暴力より厳しい言葉でした。

一〇〇回以上言われました。

やると言った目標も達成できなくて、自信を最も無くした時期で、何度も

「やっぱり才能が無いのかな」と思いました。

「才能が無いなら二倍、三倍の努力をしろ」「口が裂《さ》けるまでロープレ（ロールプレイングの略、しゃべりの練習）をしろ」「寝るな」とも言われました。

どこまで本気かはわかりませんが「口が裂けるまでしゃべる練習をしろ」「倒れるくらい頑張れ」ではなく「倒れてみろ。病院に連れていってやるから」と言うのです。

私と同様に成績の上がらない社員の中には、厳しい指導に絶えきれず、泣き出してしまう社員や、翌日から会社に来なくなってしまう社員もいました。それくらい、厳しい上司、厳しい職場でした。

それでも私は負けたくなかったので、「倒れてみろ」と言われて「よし、倒れてやろう」と実際に倒れるまで練習をしてみよう、と思って狂ったように練習をしました。

口が裂けるまでしゃべろうとも思いました。けれど、いくらしゃべっても口はなかなか裂けませんでした。

するると忘れもしない、秋口の空気が乾燥した季節に練習をしていたら、本当に唇が切れて血がにじんできたのです。

「おまえ、本当に口が裂けてるよ」

と同僚から笑われました。みんな気の毒そうに私を見ていました。

「なんでおまえが叩《たた》けないんだ。本当はおまえなんかが勝てないとダメなんだけどな」

と先輩の宮崎さんが言いました。叩くとは営業数字を上げることです。完全歩合給（フルコミッション）の会社でしたから、売れない私はわずかな月給しかもらえませんでした。

今でも覚えていますが、入社して最初の給料は五万四〇〇〇円。二か月目は二万七〇〇〇円。三か月目は八万一〇〇〇円でした。

すぐに貯金もなくなり、借金生活になりました。叩けない社員はみんなすぐに辞めましたが、私は辞めませんでした。

消費者金融からお金を借り、休日は、こっそり引っ越しのアルバイトなどをしてしのぎました。

会社を辞めてアルバイトをすれば月二〇万円は稼《かせ》げたでしょう。それでも辞めなかったのは魅力的な社員がいて、この社員の中でトップ営業マンになりたいと思ったからです。でもそれは簡単ではありませんでした。

深夜、コインランドリーに行って、洗濯が終わるのを待ちながらしゃべる練習をしても成果は上がりません。「よし、気持ちで負けるか」と思って、寮の周りのゴミ拾いをしても、草むしりをしても成果は上がりません。

今思うと、確かに頑張ってはいたのですが、それはピントがズレた努力であって、本気とは言えない芯のない努力だったと言えます。

田舎に電話して、

「母ちゃん、東京の米はまずくて食えないよ」

とウソを言って、米を送ってもらいました。それで塩おにぎりを七個作って、そのうち三つは自分で食べ、残りは同僚に一個一〇〇円で売りました。

「ムロちゃん、海苔《のり》が貼ってないよ。ムロちゃん、具が入ってないよ。塩味が足りないよ」

といろいろなことを言われたものです。

3

結果を出した人間は必ず努力をしている

フルコミッションの仕事で成功する秘訣は、勝つまでやり続けるということです。しかし、勝つまでやり続けられないのも、フルコミの仕事です。成果がゼロだと給料が入らないからです。私の場合も、本来であれば退職しなければならなかったはずです。それなのに辞めずに続けて成果に辿《たど》り着けた理由は、徹底した倹約とアルバイトによってお金が続いたからです。

入社から一年間はほとんど給料はありませんでした。一年目の冬休みを迎える頃には、とうとうお金が無くなりました。同僚たちは帰省していましたが、私は冬休みの一週間をすべてアルバイトに使い、コンビニとファストフード店を掛け持ちしてなんとか食いつなぎました。水・木の休みには運送業や軽作業の単発バイトを掛け持ちました。

そういったアルバイトもバカにしないで真面目にやって、塩おにぎりを食べながら営業マンを続けていました。仕事を極めるまでに時間がかかったので、続けられたということは本当に大きかったと思います。

フルコミの仕事は、才能のある人がポンと歩合給で三〇万、五〇万、一〇〇万を稼ぐ世界です。そんな世界で私のような才能のない者が続けることができたのは、努力ができたからなのです。

才能がないとずっと言われて、お金もなくて、葛藤もありましたが、それでも努力では負けたくないと思って、努力を続けました。コツコツ続けた練習の積み重ねによって、少しずつ話も上手になっていきました。

この裏にはラッキーな出会いもありました。実は、鬼上司のもとで「おまえ、青森に帰れ」と罵倒《ばとう》されながら一年数か月働いたあと、人事異動があったのです。次の上司の楠《くす》課長は仏様みたいな方で、部下にはスター営業マンが四人いて、チームとしてノウハウをがっちり持っていました。私は「微妙にダメ」みたいな評価でその課に入ったのですが、その四人と課長はノウハウを惜しげもなく教えてくれました。

その時の私は、鬼上司に鍛えられて基礎的なトークスキルは身につけていました。そこにノウハウを注入してもらったので、プレゼンテーションが格段にうまくなりました。「ああ、そんなコツがあったのか」とノウハウを理解して、「こうやってやればできるんだ」とそれを再現する力があったのです。

そのあとから結果が出始めました。だから、鬼上司には本当に感謝しています。ピシッとトークの基本スペックを上げてもらったおかげで、教えてもらったコツをすぐに実践できたのです。

そうして入社から一年半が経って、初めてトップ営業マンになりました。周りからも「やっとトップになれたね、おめでとう」と言ってもらえて、とても誇らしかったです。

才能じゃないんだな、努力して良かったな、そう報われた気がしました。

当時、社内でも天才と言われていたのが、私の二番目の上司の三ツ廣《みつひろ》課長でした。以前、部下たちに「近くに来たら寄れよ」と言っていたのを真に受けて、ある時、夜中の一時に先輩と課長のご自宅を訪ねました。「近くに来たんで寄らせてもらいました」と言ったら驚いていました。当時の仕事は時間帯が深夜帯にかかるのが当たり前だったのもありますが、それでも非常識な時間に訪問したものです。

運良く、課長のお部屋に通していただきました。素敵なお部屋だなと思ったと同時に、本棚にはたくさんの本がありました。その多くが組織論、人間学、営業ノウハウの本でした。

三ッ廣課長は、会社では異性にモテるための話とか、遊びの楽しい話ばかりしていた上司で、話も天才的に面白くて上手な方でしたが、本棚にズラッと並ぶ本を見た時、やっぱり努力していたのだなと思いました。

さらに、課長は昔、言語障碍があってうまくしゃべれなかったと聞いた時には、本当に驚きました。

天才的で才能があるようにしか見えていませんでしたが、実は努力した背景があっての結果だったということです。それからは才能がありそうな人を見ても、絶対に陰では努力しているんだという認識に変わりました。

その時、自分も努力に努力を重ねれば、この人に追いつき追い越せるのではないかと思いました。私は「才能のせいにするやつは嫌いだ」とよく言います。それは、才能のせいにするということが「自分は努力をしない」という布石のように感じるからです。天才と言われるような人でも、裏では努力に努力を重ねているのです。

みなさんにもそう考えることをお勧めします。他人に対しても自分に対しても「能力＝才能」で片付けないことです。

三ッ廣課長のような人と巡り合えたことはラッキーでしたが、そういうラッキーな出会いということで言えば、もう一人、忘れられない人がいます。社会人一年目にスーパーサカガミで店員を一年間やった時に上司となった石井主任です。スーパーの中で一番怖くて仕事のできる人でした。

石井主任は、新入社員であっても「仕事が遅い」「もっと丁寧にやれ」「頭を使え」と、厳しいけれど、ちゃんと引き上げてくれるような言葉をかけてくれました。働いている姿は超真剣で、普通の人が半日ぐらいかかる商品の陳列も、感覚的には一～二時間ぐらいでやってしまうような仕事の鬼でした。スピーディーで動きに無駄がなく、仕事中には怖くて気軽に近づけませんでした。話しかけることすら、できないほどでした。

ある時、石井主任が「誰かアルバイトするやつはいねぇか」と聞いてきました。私は高校時代のビリヤード仲間の一人を紹介しました。ところが、彼は初日から遅刻をしてきて、石井主任から即刻、「クビだ！」と言われてしまったのです。私は彼と一緒に頭を下げて、「一回ぐらい許してあげてください」とお願いしましたが、「そんな仕事をなめてるようなやつはダメだ」と一蹴《いっしゅう》されてしまいました。

彼は私より一つか二つ年下で、ビリヤードのセミプロみたいな都会っ子でしたが、申し訳なさそうな顔をしていたのが印象に残っています。その時は、そこまで厳しくする必要あるのかなと思ったのですが、社会の厳しさを改めて教えられて、彼にとっても私にとってもいい勉強になりました。

余談になりますが、スーパーサカガミは成城石井のような高級スーパーで、本店は駒込《こまごめ》にあります。現社長の高橋さんは私が入った時は三〇歳前後で、青果販売の担当でした。朝からでかい声で「おはよう」と挨拶をして回って、周囲にエネルギーを発散していました。誰に対しても明るく元気で、一所懸命仕事をする八百屋の兄ちゃんでした。

そんな高橋さんが社長になったと聞いた時は、「え？　あの高橋さんが社長やってるの？」とびっくりしましたが、どの人に対しても明るく元気で接することのできるというのはやはりすごいことなんだなと思いました。我々も若者を教育していて最初に教えるのが、「明るく元気」ということです。明るく元気で、周りにエネルギーを与える力はリーダーにとって欠かせないものなのだと感じます。

社会に出て早々にそういう人たちと出会ったのは、本当にラッキーなことでした。

私の父は高校を中退して製材所に入りました。その時に、職場にめちゃくちゃ仕事ができる達人がいたそうです。ただし、その人は体も大きくて刺青《いれずみ》も入っていて、何かあると大工道具が飛んでくるような荒っぽい人だったらしいのです。父とお酒を飲みながら「親父はその時にどうしたの?」と聞いたら、「その人は仕事ができるから度胸を決めて近づいていって仕事を習った。他のみんなは怖いから近づかなかったけれど、勇気を出して踏み込んでいったらそんなに怖くはなかった。それで仕事もどんどん覚えていって、いい思いをした」と言っていました。

私はよく台風の目の話をするのですが、台風は外から見ると強風が吹いていていても、目の中に入ってしまえば穏やかです。その人の場合も、これと同じことだったのでしょう。

ベンチマークはいつの時代にもあります。みんな怖いからそこに踏み込めないのですが、一歩踏み込んでしまえば学ぶことがたくさんあるということです。私もそういう父親のＤＮＡを受け継いでいるのかもしれません。あがり症と言っておきながら、根っこの部分には、自分を成長させるためならどこでも飛び込んで行く思い切りの良さがあります。それがトップ営業マンになれた根本的な理由なのかもしれません。

トップ営業マンになって少し豊かになった私でしたが、二一歳の時に会社の経営が迷走し、給料が遅れ始めました。

当時二〇〇人以上いたスタッフが、毎月一〇人以上辞めていきました。給料が出ないのだから辞めるのは当然かもしれません。残る人間はよほどのお人好しかバカでした。

私は残りました。気がついたらスタッフは一七名に。そんなタイミングで私は課長になり、会社を支える立場になっていました。

なぜ私が辞めなかったのかというと、直感です。なんとなく

「ここは辞めないほうが自分にとっていいかな」

と思ったのです。

会社の電話代も払えないという、夢も希望もない状況の中で、私は全力で顧客を、会社を、社長を守ろうと腹を決めました。

その日から、家賃九万二〇〇〇円の駐車場付きのマンションを引き払い、二万三〇〇〇円の四畳半風呂なしアパートに引っ越しました。贅沢はいっさいやめました。コンビニで買い物をするのもやめました。スーツも買いません。まして私服も買いません。ビリヤードもスノーボードも全部やめました。

売れるものは全部売りました。一六歳の時にお金を貯めて買ったホンダN360も売りました。

N360はホンダ初の量産型軽乗用車で、マニアに人気の車でした。N360がトラックに積まれて持っていかれるのを呆然《ぼうぜん》と見送りました。

♪ドナドナドーナドーナー

頭の中にそんなメロディー（かわいがっていた子牛が市場へ売られていく悲しい歌詞の「ドナドナ」です）が流れ、すべてなくなりました。

記念に買って大切にしていたカルティエの時計も、質屋に入れました。親には心配をかけたくなかったので、本当のことは言えませんでした。

「給料、ちゃんともらっているの」

「ああ、もらっているよ」

「大丈夫なの」

「ああ、全然大丈夫だよ」

何か食べないと生きていけないので、田舎から送ってもらった米と、スーパーで卵ともやしを買って、なんとかしのぎました。あの時期は食べ物がすべて栄養に見えました。

栄養失調になりかかったこともあります。肌が白くなったり、爪が白くなったりするのです。ピンチの時に人間の体がどうなるかは、自分の体で経験しました。大変な二二歳、二三歳でした。

一例を挙げると、給料が止まっていた時のことです。部下にはかろうじて給料を払っていたので、彼らは弁当を買っていました。そうした中で、私が自分で持ってきたもやしと卵の手弁当を開いて、食べようとすると上司に耳打ちされました。

「おい、どうしてそういうみすぼらしいものを部下の前で開くんだ。こっちに来い」

上司も自分で作った弁当を持ってきていました。私と上司は、パーテーションの陰に隠れるようにして、互いのみすぼらしい手弁当を食べました。

「おれは一日の食費を二〇〇円で抑えている。おまえはどうだ」

上司が自慢げに言いました。

こういう場合、部下としては、「それはすごいですね」と感心してみせるものですが、私は

「僕は一〇〇円ぐらいですかね」

とバカ正直に答えました。非常に気まずい昼食になりました。

本当にお金が無かったので、ホームレスに間違われるかのごとく、自動販売機

の釣り銭を覗《のぞ》いたり、小銭が落ちていないか探したりもしました。

王子駅でどうしても腹が減ってたまらない時に、見も知らずの二人に声をかけたことがあります。おじいちゃんと若者でした。

「荻窪《おぎくぼ》まで行きたいけど財布を落としました」

とウソをついて、二人から一二〇円ずつもらいました。

「後で返しますから住所を教えてください」

と言ったのですが、彼らは
「それくらいならいいよ」

と、こじきに恵むようにお金をくれました。そのお金でかけそばを食べたのを覚えています。

この経験は今でも忘れられず、心の中で引きずっています。他人にウソをついてまでお金をもらって、申し訳ないことをしたなと情けなく思います。

王子駅といえば当時、武富士《たけふじ》という消費者金融の王子店によく通っていました。

一九歳でどこも相手にしてくれなかった時に、武富士だけが三〇万円を貸してくれたのです。お金で一番苦しい時、消費者金融のカードを最大一四枚持っていましたが、借金をすべて返しきってからも武富士のカードだけは、当時の恩義からもしばらく持っていて、たまにお金を借りては返すということをしていました。

そうしたことを繰り返しながらも一年半、給料が止まった状態で働き続けました。借金は最大で四七〇〇万円になりました。会社を辞めてフリーターになれば、月二〇万円くらいは稼げるのはわかっていました。

偉人の伝記などを読むと、ものすごい苦労をして乗り越えた話が出てきます。大病をしたわけでもなく、平凡に育ってきた私にはそういう経験がなかったので、まさに大きな逆境に直面した現状に対して、

「ついに俺にもこんな時が来たか」

「将来、本を書く時、講演をする時に、絶対この苦労話をしてやる」

「若い時にこれだけの苦労をしたんだから、将来は絶対成功するはずだ」

などと発想を転換し、この状況を楽しもうとすることでメンタルを保とうとし

ました。

また、借金の資金繰りに関しても、将来社長を目指している私にとって、「これは企業経営の予行演習だ」と思うようにしました。実際に社長になれば、企業として大きな債務を抱えることは当然です。キャッシュフローを意識することも当然です。それを今から練習しているんだ、と思うことでできるだけポジティブに変換するようにしました。

苦労を楽しもうとしたとはいえ、当然ネガティブにもなりました。正直、どこを見ても四方八方が真っ暗で一点の光も見えません。あの時期は、自分がどこに向かっているかもわかりませんでした。それでも辞めませんでした。

自分のためではなく、私を慕ってくれる目の前のメンバーさん（受講生）や部下たちのために、必死で働いて、必死に生きていました。メンバーさんたちのために働くことと、資金繰り、借金の限度額との戦いでした。

先が見えていたわけではありませんが、そうやって目の前のことに集中して粘っていたところ、救世主が現れて会社のオーナーが替わり、新会社にて教材を販売するビジネスに路線転換されました。すると、みるみる成績は上り調子になり、会社は立ち直っていきました。

必死に働いて苦境を乗り越え、一年半ぶりにお給料をいただいた時は本当に嬉しかったです。

「おまえ、きつい中でよく頑張ったな」

と上司に言われました。

この出来事を通して私は、給料が高くても低くても、ゼロ円でも同じテンションで働けるぞという確信ができました。

「お金で動く人間にはならないぞ」

と思いました。

給料が遅れ始めて以降、三年が経っていましたが、大変な状況なりにも下を向かずに頑張れたこと。同僚がどんどん辞めていく中でも逆境から逃げずに貫けたことが自信になりました。

仕事や人生に対する軸ができ上がり、人間的にも鍛えられた、とても大きな出来事でした。

4

目標を設定し、達成して感謝する

平成七年四月。新会社の体制のもと、給料が出るようになりました。そこで私はすぐにトップマネージャーに就任します。なぜトップマネージャーになれたのかというと、それは、給料が止まっている時でも手を抜かずに仕事をしていたからです。メンバーさんや部下への指導、組織づくりなどです。

給料が出ることでやる気になって、その月だけ頑張ったということではありません。給料が出ようと出まいと、変わらずに情熱を持って仕事に取り組んでいました。給料が止まってキツい時でも、しっかりと部下育成を続け、その一年以上の蓄積があったからこそ、いざ体制が変わった時に花が開いて、トップマネージャーになれたのです。

リーダーには、ツライ時、日陰の時、逆境、孤独、様々な状況があります。でも、先が見えなくても結果が出なくても努力を続けることが大事です。結果にスランプはあると思いますが、努力にスランプはありません。正しい努力を続けていれば、いずれ必ず花開く時が訪れるものです。

そうしてトップマネージャーとして、高いお給料をいただけるようになりました。

ほとんどの社員は給料が出始めると、すぐに家賃の高い家に引っ越していきました。しかし私だけは半年以上引っ越しをすることなく、二万三〇〇〇円の四畳半風呂なしアパートにしばらく住んでいました。一つは借金の返済のため、もう一つは、給料遅配のリスクを回避するためです。

給料が遅れる、となった時に一番初めに安いアパートに引っ越し、給料が出始めてからも最後まで安いアパートに住んでいたのが私でした。

これも経営者の卵としては、良い判断だったのでは、と思っています。

そういった努力と倹約も実って、二年ほどで借金は完済できました。

借金を完済できた時に考えたのは、次の夢を創ることでした。

当時、若者に「夢を叶《かな》えよう」「夢を持って生きよう」と言っている割には、自分はまだ大きな夢を叶えたわけでもない。じゃあ、何か若者たちに対して「自分は夢を叶えたんだ」というわかりやすさも大切だと考えたのです。

ビジネスマンが夢を叶えるって何かなと考えた時に、当時は、高級車に乗るということがわかりやすい夢でした。どうせなら高級車の中でも最高級、成功者のシンボルであるイタリアの名車「フェラーリF３５５」がいいだろうと目をつけました。

そういったシンボルがあった方がわかりやすいのではないかなと考えたのです。

そして今までの、稼いではコツコツと倹約して借金を返していたリズムを崩さずに、今度は借金を返すためではなく、フェラーリを買うための頭金七〇〇万円のために倹約生活を続けました。

何度も心が折れそうになりましたが、気持ちを奮い立たせるために、デスクの上に真っ赤なフェラーリF３５５の写真を飾りました。手帳にも写真を貼り、一日に何度も見て、仕事を頑張るモチベーションに変えたり、お金を使いたくなっ

手にした念願のフェラーリF355

た時も写真を見て戒めたりしました。

この頑張りもあって、一年数か月、日々倹約に努めてお金を貯め、念願のフェラーリF355を買いました。

頭金として七〇〇万円を支払い、あとはローン五八〇万円を組みました。

ローンには連帯保証人のサインと印鑑が必要です。親に丁寧に説明したところ、大きな金額の連帯保証でしたが、快くサインをしてくれました。中学校・高校で、新聞配達を休まず頑張ったことなど、積み重ねてきた親との信頼関係があってのことだと思います。

フェラーリ納車の日、当時私は部長でした。部下を連れて販売店に行き、カバンから現金七〇〇万円を出したら部下は驚いていました。

フェラーリの鍵を受け取り、右の助手席に部下を乗せて、私が運転してオフィスに向かいました。六速マニュアル、左ハンドル、車高も低い。東京タワーのある芝公園の交差点はお昼時、食事に出かけるサラリーマンで溢《あふ》れていました。

信号で停まるたびに、四方八方から見られました。なかなか無い経験に、私も変な汗が出てきました（笑）。慣れない運転に疲れ、見られることに疲れ、オフィスに着いた時にはヘロヘロでした。

会社の前の駐車場に着いた時、真っ先に喜んでくれたのは同僚の部長でした。先輩たちも出てきて「一緒に学んでいる仲間が、成功者の象徴のフェラーリを買ったぞ」ということで、皆が自分のことのように喜んでくれました。写真を撮ったり、覗き込んだり、運転席に座ったり。そんな同僚や先輩たちの姿を見て、なんとも嬉しい気持ちになりました。

先述の「なんでおまえが叩けないんだ」と言ってくれた宮崎先輩が、フェラーリを見て「買うべき人が買ったな」と言ってくれて、これも大変嬉しく思いました。

ある日、私は鷺宮《さぎのみや》のマンションのガレージでワックスをかけ、ピカピカに磨きました。

夜中、フェラーリの前で地べたに座って、昔を思い出しながらワインを飲みました。午前一時、二時、三時、私はフェラーリから離れませんでした。通る人間がみんな訝《いぶか》しそうに見ていましたが、気になりませんでした。

四時、五時。東の空がうっすらと白くなってきました。いつしかそこで眠っていたようです。五時五〇分、通行人に起こされました。ワインは空になっていました。

「この車に乗ってどこに行こうかな」とは思いませんでした。頭の中をめぐっていたのは、給料が止まった時のこと、青森で雪の中を新聞配達したこと、母ちゃん、父ちゃん、兄妹のこと、青森に帰れと言われたことなどでした。

逃げずに頑張ってよかった。やっぱり、やり続けるべきだよな。やっぱり夢を目標に変えて自分との約束を守って、今日やることは今日やるんだよな……。

そんなことを思いながら飲むワインは最高でした。一四〇〇円ぐらいの安いワインでしたが、あんなにうまいワインはありませんでした。


あるお正月、鷺宮のマンションにて、フェラーリの前で部下に対して年頭の挨拶をしていた時、ある犬を連れた男性が、電柱の陰からこちらを見ていました。なんとなく印象にはあったのですが、それがなんと、致知出版社の藤尾秀昭社長だったのです。

その約二〇年後、藤尾社長と会話をして発覚しました。

「あれは君だったのか」と笑いながらおっしゃっていたのは印象的でした。

フェラーリは五年間所有しましたが、プライベートで乗ったのは二〇回だけでした。あとはメンバーさん一七〇〇人を乗せました。

一七〇〇人中、過去フェラーリに乗ったことがある人は一人だけで、外車に乗るのが初めてだという人が半分でした。

右の助手席に乗るのが初めてで、それだけで感動してくれるメンバーさんも見ました。一流を知るということを教えたかったのです。

その人の人生にとって、ちょっとした情操教育になるのではないかと思いました。

そういうことをすることで、エリートでも、高学歴でも、有名でもない私ですが、自分自身や自分の仕事に誇りを持ちました。

青森で同窓会があった時、旧友にフェラーリを見せたいと思いました。「おまえに社長は無理だよ」と言われていたので、見返してやりたかったのです。そこでフェラーリに乗って青森に帰りました。

フェラーリで同窓会に乗りつけるつもりでしたが、いざ行くとなった時、何かが頭をよぎり、タクシーで行くことにしました。

Tシャツにジーパン、帽子というものいつもの格好で行くと、「おまえ変わっていないな、成功するのは難しいだろう」と言われ、友だちと楽しく飲むことができました。自分も少しは大人になれたかなと思いました。

それでも勘《かん》のいい友だちは気づくようで、三次会では少し成功していると話しました。東京へ帰る時にガソリンスタンドに寄ると、私を知っている人がいました。

東京に帰って何日か経ってから、あいつはフェラーリで来ていたという噂が広がりました。フェラーリを見せつけなかったことで逆に評価が上がったそうです。

私にとってフェラーリは一つの手段でした。高級スーツでも、高級腕時計でも良かったのですが、そういう華やかなものを身につけて注目を浴びた人間がどんなことを言うか。それが大事でした。

注目や憧れを集める人間が、「もっと道徳心を持て」「感謝の気持ちを持て」と言うと、すごく効果があるのです。

それからもう一つ。フェラーリを所有してみてわかったことがあります。

とにかく一流の物は持っているだけで、見ているだけで、すごく良いのです。何かテンションが違うのです。注目を浴びますから、それにふさわしい人間になろうと思います。自分の内面を、外側から変えるきっかけになります。

次の夢のステージは家でした。これも実現しました。地上三三階のタワーマンションの最上階を買いました。

窓の外に広がる夜景を見た時に、フェラーリを買った時と同じく、嬉しい気持ちが湧き上がってきました。

周りに高い建物が何も無いので、首都圏の景色がすべて眼下に見えます。右手には富士山。左手には西新宿。南の方には横浜のランドマークタワーが見えます。そして、左手の前方には房総半島も見えました。

「青森に帰れ」と言われたところからトップ営業マンを目指し、トップマネージャーを目指し、フェラーリ、タワーマンションと、次々と夢を設定して、叶えては感謝して、叶えては感謝して、少しずつ自分に自信をつけてきました。

自信といっても、薄い紙のようなものです。本当にレポート用紙を一枚一枚重ねていくようなものです。当時は自信なんか無い、人脈も無い、お金も無い、なんにも無い。

なんにも無い中から一つずつ切り拓き、未来を創っていきたいなと思いました。そして「キャリアコンサルティング」を創りました。

キャリアコンサルティングを創った理由はもう一つあります。

ある時、

「おまえは偉くなったな」

と上司に言われました。その頃は、超天狗《てんぐ》になっていたのです。しかし、上司の言葉でその鼻はすぐにへし折られました。

「おまえは勝って当然だよ。だってものすごい努力をするし、頑張るじゃん。おまえは勝てるよ。でも、そういう人間を育ててはいない。おまえは偉くなったけど、偉い人間を何人育てたんだ」

と言われました。

「えっ？」

と、あっけにとられました。その時初めて、私の頭の中に、「偉い人間を育てる」という概念が生まれたのです。

私は事業家ですから、ビジネスを拡大し、利益を出すことに興味はあります。ちゃんとしたビジネスであればどんどんやりたいと思っています。

けれども、教育という基本は外さないつもりです。一番大事なのはお金ではないということを、こうした体験から私は学んだのです。

キャリアコンサルティングを創業するためフェラーリを売りました。フェラーリが持っていかれるのを見るのはツライものでした。ホンダN360を手放した時のことが頭をよぎり、

「また新しいステップに上がるんだ」

と自分に言い聞かせました。

以上、青森での少年期から二〇代を駆け抜けて創業までをざっとお話ししまし

た。

振り返ってみて、ツラい経験、苦しい経験がありましたが、すべての経験は私にとって必要な経験でした。

田舎で育ったこと、兼業農家の家に育ったこと、仲間外れにされたこと、おねしょが治らなかったこと、高卒で就職したこと、それらはすべて私の財産であり、武器だったのだと思うのです。

特別な人間でもありません。青森から出てきて、あがり症で、人前で話をする時に顔を真っ赤にして、七回連続言葉を失った人間です。なんの自慢もない人間でした。私だって東京大学卒業、オックスフォード大学卒業、横浜出身と履歴書に書きたかったですが、それができませんでした。けれども、そういう自分が武器だったのです。

「金無し、コネ無し、学歴無し」だった私ですが、夢を持って、コツコツと努力を積み重ねていけば、少しずつ小さな夢が叶っていくということを、自分の人生を通して実感しています。

それこそが、私が最初に「才能ではない」と言った理由です。自分のような一見才能に恵まれていないような人でも、努力をすれば夢は叶うということがわかったので、これをみなさんに伝えるべきだと思っています。

それがキャリアコンサルティングを創った原動力であり、教育事業に本気で取り組めるのは、人に夢や希望を与える良い事業だという想いが根底にあるからです。

勉強は嫌いという若い人が多いのですが、努力することによって褒められたり、成果を得られたりすることが社会にはあります。それを体験すると、学べば学ぶほど良いことが舞い降りてくると思うようになって、ますます向上心が湧いてきます。

今の二〇歳前後の若者の多くはニヒリストです。「俺はこんなもんだし、どうせ無理です」とすぐに言います。その凍った頭をいかにして溶かすか。「どうせ無理」ではなくて、「何かできるかも?」と思わせるのがこの本の目的でもあります。今の若い人たちは本を読まないと言いますが、「これを読め」と言われて渡されたら読みます。「一冊読めました」となれば、「じゃあ、二冊目、三冊目を読め」ということになっていく。

だから、私たちと接することによって自分が変わる。自分が変われば会社を変えられる。もしかしたらゲームチェンジャーにもなれるのではないかと思うようになるのです。我々は「日本をよくする」「くにまもり」ということも言っていますが、まず小さな火種がなかったら何も変わりません。そのために、ニヒリストの若い人たちの凍った頭にお湯をかけて氷を溶かさなくてはいけない。私がやっているのはそんな楽しい仕事です。だから、やめられないのです。

5 ギブ、ギブ、ギブ&どうぞ

独立に至るまでの流れを話します。

当時の社長は、環境のことを考えた新たなビジネスに興味を持っていて、教育事業は私がずっと責任者を担ってきました。

一方で、様々なビジネスも経験させてもらいました。米国サウスカロライナにある、鉄板焼「みやび」のオーナー権を取得して、そこに経営者として参画。日本にいながら遠隔で経営をして、順調に収益も上がる人気店になり、良いビジネスになりました。そうした人気店の経営を通して、ビジネスの基本の勉強ができました。

また、大阪発の「豚まん職人」という、豚まんのフランチャイズ展開をする営業会社の役員も務めました。通常業務の前の時間で豚まん職人の社員に朝礼をして、または休みの日を使って指導して、教育事業の傍ら、豚まん職人の展開もおこないました。そちらもかなり良い成果を上げられ、半年間で二六店舗の展開を実現しました。

ある日、社長から「そのまま、飲食店ビジネスの社長になるか？　それとも、教育事業のトップとして常務を続けるか？　どっちでもいいぞ、おまえの好きにしろ」と言われました。この言葉は印象的でした。

なぜなら、「社長になれる力をつければ、社長になってもいいし、ならなくてもいい。つまり実力があれば『選べる人生』になるんだよ」という一八歳の時に聞いたミーティングを思い出したからです。その時に、別に経営者にならなくてもいいけれど、そういう力をつけて、選べる自分になろうと考えたのです。

あぁ、あれはこのことだったのかな、と思いました。実力をつけて仕事で貢献していれば、その人には然《しか》るべきポストが訪れる。社長になれるほどの実力をつけて発揮すれば、将来、社長になることも選ぶことができる、ということです。「飲食店の社長」か「教育事業の常務」を選べる人生、これを二九歳の時に経験したのです。

私は考えた末に、教育事業を取りました。飲食店は同僚の部長にお譲りして社長になっていただき、私は顧問に就任。私は教育事業の常務をそのまま引き受けました。

そして四年間、教材販売の事業をトップとして牽引《けんいん》してきましたが、教材販売のビジネスモデルに行き詰まりを感じました。

教材を四七万円で販売していたのですが、勉強を続ける人はいいにしろ、半年、一年で辞めてしまう人にとってはローンだけが残るのです。

そういう弊害を無くすために、月謝制にしたいと私は思いました。月謝制ではなかなか採算を取ることは難しいですが、良い教育を、より良い形で提供できる、社会に貢献する素晴らしい事業になると考えたのです。

そうした相談を社長とも重ね、社長は先述の環境ビジネスの方にシフトし、私は教育事業を引き継いだ形で、独立して月謝制の新会社を設立するに至りました。

こうして二〇〇三年に創業したのが、キャリアコンサルティングです。

会社をつくるのはある意味では簡単です。問題はその後、そのビジネスをどのようにして成功させせられるかです。

一年目は倉田くん、山部くんら創業スタッフとともに、「給料が止まるかもしれないよ」と言いながら必死に事業を立ち上げました。

「今月の二五日、給料きついかもしれないけど、ちょっと心構えしておいてくれ」

と私が言っても、創業スタッフたちは皆「全然大丈夫です」と、顔色一つ変えませんでした。頼もしい部下たちです。これはみんなに負けていられないと、自分も気合が入りました。

二年目に入ったときに、「よし基礎はできた、これから外に出るぞ」と、社員を全員集めて訓辞をしました。

私にはなんの人脈もありませんでした。そこで、とにかく人脈をつくって、これを利用しようではなくて、ご縁があった人に与えていこうと思いました。

「俺たちに何かできることはないかな」

と私は言いました。

「俺らはまだ一、二年目の会社だけど、国のため、東京都のため、地域のために何かできることはないかな」

と。そこでマネージャーたちがいろいろ調べてきました。

東京都がこんなことを考えていますよ、と若者支援サポートの新聞記事を持ってきました。そこで私たちは真っ先に、東京都庁に行きました。

それでだんだん踏み込んでいくとわかってきたのは、意外と、国や都に協力しようという人や企業は少ないということです。だったら我々がその辺を、きっちりやることがポイントになるのではないかと思いました。

そこで自発的にゴミ拾いなど、できることから始めました。小さい企業でそういうことをしている企業はほとんどありませんでした。

それがどういう意味があるのかもわからないまま、それでも、何かを切り拓くために動き続けていました。すると、都の職員の方から感謝していただきました。

私はその一年間で約二〇〇〇枚の名刺を配りました。

営業をしたわけではありません。一〇〇〇人がメンバーさん（受講生）、あとの一〇〇〇人は経営者や政治家、役所の方などの人脈をつくりました。

そこで大事なのは、やれることを一所懸命やるということです。できないことはできませんとちゃんと言います。ただ、五〇〇〇円だったらできます。三万円だったらできますということはあります。五人だったら伺いますと、やれることをやっていくのです。

「ムロちゃん悪いね、毎回、毎回」

と言われながら、いろいろなことを頼まれるようになりました。「ギブ、ギブ、ギブ&どうぞ」の精神でやり続けました。


この「ギブ、ギブ、ギブ&どうぞ」というのは自分たちでつくった言葉です。独立した当初は自分たちには何もないから、「やれることをまずやっていこうよ」と社員たちに言って、何か動員が必要な時は若者の頭数だけはあるのでお手伝いしようと体を張ってやってきました。「とにかく、なんでもやろうぜ。利益度外視でやらないと出会いやきっかけはできないぞ」という考えで、世間様との接地面積を増やしていったのです。コスパばかり考えていたら出会いがないので、とにかく一所懸命、なんでも頑張ったわけです。

その時に少しでも褒めてもらえるように、好かれるように、というところから出てきたのが「ギブ、ギブ、ギブ、ギブ&どうぞ」という言葉なのです。

ギブ&テイクじゃないのです。取ってもしようがないのです。与えて、与えて、与えていると、相手の方も「キャリアコンサルティングのためにも何かやってあげないと」と思ってもらえます。

その時に「ああ、どうぞ。それはありがとうございます」というスタンスでいるから、人脈や事業の輪が広がるのではないかと思います。

「僕は若いです。弱いです。だから助けてください」

という姿勢ではダメなのです。

「こんな僕でも何かお役に立てないか」

と考えるのです。それは私が師匠の三ッ廣さんからずっと教わってきたことでもあります。

「人は奪い合うから足りなくなるんだ。出し合えば余るんだよ」と教わりました。どこかで取ろうとしている卑《いや》しい自分がいないか、点検してみてください。

たとえば二〇歳を超えて、親からまだ何かもらおうとしていませんか？　そんなに電車で座りたいですか？　なぜ、そんなに席を奪い合うのですか。

多少自分の足が辛くても、若いのですからできるだけ周りの人に譲ってあげて、前に座っている人が安らかな顔をしているのを見て、幸せになれるくらいになってほしいです。優先席でなくても他人に席を譲ってあげてください。電車に走って乗り込んで、足を踏んだとか言っていがみ合っている人がいますが、なぜそんなに心が狭いのでしょう。

そういう状況はすべて、他人から何かを取りたいと思っていることから来ているのです。

どんなに金持ちの人や偉い人に会っても、その人からお金を取ろうとは思いません。常に「何か与えられないかな」「何かやってあげられることはないかな」

と考えていますす。そういう姿勢でいると珍しがられます。

会食をして、

「ああ、ここは僕が出すよ」

と目上の人に言われても、

「いえ、割り勘にしましょう」

と言います。

「ご馳走《ちそう》するよ」

と言われても断るのです。

お金を持っている人に対しても、「いりません」と言うのです。逆に「僕が払いましょうか」と言うのです。それで陰でひもじい思いをしていたっていいのです。

居酒屋の飲み代ぐらいは出すのです。そういう姿勢が大事なのです。

もちろん、目上の方に出してもらうべき状況もありますが、私が言いたいのは、どんな時でも出してもらおうという姿勢は違うだろうということです。

その目上の方も、自分の収入の中から出しているのですから。

逆に、何かタイミングを見て奪ってやろうと思っていると、そのうちに顔が〝奪ってやろう顔〟になります。誰を見ても利用してやろうみたいな腹でいるから、友だちができないのです。ビジネスパートナーができないのです。本当に腹を割って話し合える友だちができないのです。

みなさんもこういう経験はないですか。

たとえば合コン。ターゲットを定めて、あの人を絶対ものにしようなどと思っていると、やたらに緊張しておかしくなってしまいます。会話もうまくできず、気まずい思いばかりします。

逆に、今日は盛り上げ役に徹しよう、みんなに奉仕しようと思えば、リラックスしてその場を楽しく過ごせるものです。狙《ねら》うとダメなんです。そういうことは人生のいろいろな場面で感じています。常にいろいろな場面で与えようという姿勢でいると、楽しくなるものです。

我々の環境には若者がたくさん集まっていますので、人を集めてほしいというお願いはいろいろな人から来ます。社会貢献している団体や、非常に良い活動をしている団体には、ボランティアなどの形でお手伝いをすることがよくあります。人の役に立つから、人から求められるのです。テイクではなく、ギブを続けていきましょう。

最後に、ギブ、ギブ、ギブがもたらした奇跡のようなお話を一つお伝えします。

平成二一年、私たちは皇居へ勤労奉仕に行きました。

きっかけは平成二〇年一二月一四日に、相馬《そうま》雪香《ゆきか》先生の追悼の会に社員と二人で行ったことでした。相馬先生は、「憲政の神様」尾崎行雄氏のご息女で人権向上活動に尽力された方です。会場はご高齢の方たちで満員でした。そこに当時の皇后陛下がお見えになったのです。

皇后陛下は、園遊会の時のように一人ひとりに挨拶をされました。会場にいた人たちはみんな、皇后陛下とお話がしたくて我先にという感じで前の方にやってきました。若造の我々は、前に行きたかったけれど我慢しました。

あとで追悼の会へ伺うきっかけをつくってくださった女性リーダーの方から「皇后陛下と話した？」と聞かれて、「いや、ご年配の方がいっぱいで行けませんでした」と言うと「何をやってるの。せっかくお見えになったのに」とお叱りを受けました。でも、前に行こうにも行けないほど、ご年配のみなさんの勢いがすごかったのです。

帰り道、一緒に行った社員とトボトボ歩きながら話をしました。

「みなさんのテンションはすごかったね。あれはちょっと行けないよね。だけど、それを言い訳にしちゃダメか。俺はビビったのかな。消極的だったかな」

「いやあ、でもあれは消極的とかじゃないですよね」

「だよね、おじいさん、おばあさんたちをかき分けて前に行っちゃダメだよな」

「でも、お話、ちょっとしたかったですね」

と社員が言った時に、

「いや、いずれ会えるから」

と、私の口からよくわからないポジティブな言葉が出てきました。

「いいんだよ。いずれ会えるから。俺たちが前に出なかったから、おじいさん、おばあさんに良い思い出ができたんだから」

「そうですよね」

その時はそう言って終わりました。


それから年が明けて半年ぐらい経った時、私たちが毎月開いている塾の講師を務めていただいている天皇・皇室研究者の高森明勅《たかもりあきのり》先生を車でご自宅までお送りしていた時の話です。「室舘さん、いつも悪いですね」と先生は言われましたが、私は私で、その間にいつも新しいネタをもらっていたのです。

たまたま、その時に高森先生は「皇居勤労奉仕って知っていますか?」とおっしゃいました。「いえ、知りません」と言うと説明してくださいました。それによると、皇居勤労奉仕というのは団体で皇居に四日間入って手弁当で掃除をするというもので、「近年、参加者が高齢者になり参加団体が減っているのです。運が良いと天皇皇后両陛下と直接会えますよ」と言うのです。

「我々も申し込めるんですか」

と聞くと、

「申し込めます。詳細は宮内庁のホームページに全部出てます」

と教えてくださいました。

皇居勤労奉仕は、大東亜戦争に負けた昭和二〇年に、宮城県栗原郡の女性を含む一九歳〜三五歳の青年たち六二人がボロボロになっている皇居をきれいにしたいと、ぼうぼうになっていた草を刈ったり、瓦礫《がれき》を片付けたりしたことに始まります。青年たちが皇居内で作業をしていると、「どれどれ来ているのか」と昭和天皇や香淳皇后がお出ましになったので、みんな驚いたそうです。天皇陛下と国民が直接近くで会うのは、この時が歴史上初めてだったのではないかと言われています。

そして、この皇居勤労奉仕のご会釈が、現在一月二日に行われている一般参賀につながっているのです。

調べてみると、皇居勤労奉仕に申し込めるのは一五人以上六〇人以内の団体という規約がありました。そこで社員を集めて宮内庁に申し込むと、宮内庁から電話があったので社内が湧き上がりました。

そして、実際に四日間の作業をやることになりました。そのうちの一日は赤坂御用地に行きました。赤坂御用地では、今の天皇陛下、当時の皇太子殿下よりご会釈を賜りました。皇居では天皇皇后両陛下よりご会釈を賜り、私は団長でしたのでお近くで質問に答えさせていただきました。目の前に天皇陛下と皇后陛下がおられてお話をした三分間は、とても長く感じられました。

ご奉仕が終わった後、一二月の追悼会に一緒に行った社員と、「まさかこんな早いタイミングで、皇后陛下だけではなくて天皇陛下ともお会いできるなんて、人生って不思議だね。あそこで譲って良かったね」と話しました。こんなことがあるとは、全く予想していませんでした。天の配剤というしかありません。

付け加えれば、天皇皇后両陛下とのお話しが終わった後で、私が後ろを振り向くと、社員がみんな泣いていました。「どうしたの？」と聞くと、どうしてかよくわからないけれど涙がこぼれてしまう、と言っていました。「なにごとの おはしますかは知らねども かたじけなさに 涙こぼるる」という西行の歌がありますが、まさにそういう涙だったのだと思います。

これは良いものだと思いました。それ以来、弊社の社員はほぼ全員が皇居勤労奉仕に参加しております。

この皇居勤労奉仕をもっと若い人たちに広めたいと思って、リーダーシップの基礎教育「しがく」のメンバーである大学生や社会人にも声をかけて、どんどん参加してもらいました。延べ一〇〇〇名が参加しています。最近では抽選倍率が上がって、それまでは年に二回の抽選に全部通っていたのに、六、七年目からは落選するようになりました。

初めて落ちた時はショックでしたが、皇居勤労奉仕を広めるという目標は達成できたわけです。自分たちだけが行けて良かったねというのではなくて、自分たちが落ちるというのも、裏返して言えば、「ギブ、ギブ、ギブ＆アンドどうぞ」を実践しているということです。

それにしても、一度、皇居や赤坂御用地に行って両陛下をはじめ、皇族の方を前にすると、みんな大ファンになってしまいます。皇居勤労奉仕が広まり、そういうファンが増えているというのは、我らのささやかな一燈照隅です。

6

器を大きくしよう

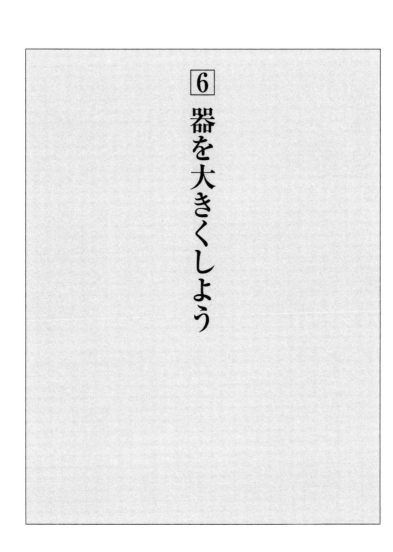

「生きるとは魂を磨き続けること」

と、京セラ創業者の稲盛和夫さんは言っています。

上智大学名誉教授を務めた渡部昇一先生は
「自分を高めることが人生だ」

と言っています。私が若者に伝えることも根本は同じことで、

「器を広げよう」

ということです。

どうして、やりたいことが叶《かな》わないのですか。どうして思い通りに人生がいかないのですか。

みなさんの年代の時、私もそう思いました。けれども、私がみなさんに言いたいのは、若い人間はまだ外的要因をあれこれ言う時期ではないということです。社会がどうだ、会社がどうだ、学校が、友人がどうだと言うのでなく、もっと自分のせいにしなさいということです。

みなさんが、あれも欲しい、これも欲しい、こういう仕事をしたい、これくら

い給料が欲しい、こんな服が欲しいと思う気持ちはわかります。

そうした思いが例えば一〇リットルの水だとします。けれども、自分自身の器が一リットルしかなかったら、何リットル入りますか？　一リットルしか入りませんよね。残りの九リットルは溢《あふ》れ出てしまいます。人生はこんなにシンプルなものです。

所詮、自分の器以上のものは入らないのです。一瞬、入ったとしても、一か月後、一年後に溢れてしまいます。ズルをして利益を得たら、必ずしっぺ返しがきます。

私が二〇代の時まさに、あんな人脈が欲しい、こんな人脈が欲しい、知りたい、知りたい、知りたいと、世の中のことを全部知りたいと求めていました。けれども、周りに求めてばかりの自分の心をぐっと抑えました。そして自分を磨き、器を広げることに集中しました。器を広げるというと抽象的なのですが、要は、実力をつける、リーダーシップを身につけるということです。私の師匠からは「給料袋に夢を合わせるんじゃなくて、夢に対して給料袋を合わせていくんだ」というシンプルな表現で教わりました。

自分の器に一〇リットルを入れたいと思ったら、器を広げるしかないのです。自分の器がどれだけ広がったかを喜びとするのです。

ちょっと人に親切にできたとか、ゴミを拾ったとか、いやなことを一つできたでもいい。〇・一ミリの進化を喜ぶのです。

私も自分の会社では当たり前ですが、他社に行って、ゴミを拾った時に、「器が広がったな」と思いました。

他人の会社のゴミを拾ってゴミ箱に入れるのはなかなかできないことです。でも、それをやることによって、その会社の格は、ゴミが落ちていないということで、ちょっとだけ上がる。

自分の考えと違うなぁという部下がいても、彼の背景を含めて考えを受け入れる。人を好き嫌いで判断していたのをぐっと抑えて、好き嫌いじゃない部分でフェアに判断する。

そういうことが趣味というか、喜びを感じるようになると器は大きくなってきます。

目の不自由な人が横断歩道にいたら、「赤ですよ」「青ですよ」と声をかけてあげる。身体障碍を持った人が電車を降りる時に、声をかけずとも見守ってあげる。お年寄りが重たい荷物を背負って階段を上がっていたら、「持ちますよ」と言って上まで運んであげる。すごくシンプルなことですけれど、それを実践することが大切なのです。たとえば道で前を歩いている人がハンカチを落としたのを見ても、何も言わない人が多いのですが、弊社の社員は必ず「落ちましたよ」と大きな声で教えてあげます。

そんなふうに自分とは関係ないけれど、困っている人がいたら見届けてあげることを私たちは社風として大切にしています。周りを助けるというギブの精神によって器を大きくしていくのです。

そして、それを実践した社員には朝礼で、人間力賞という賞を授与しています。

人間力賞があることで、新入社員も含めて、困っている人がいたら助けるというのが当たり前の考え方になっています。だから、人間力賞の表彰では、「あの先輩がこういうことをやっていたので、私も」というようなスピーチをよく聞きます。

弊社の経営理念は「凜《りん》とした人づくり」です。「人づくりのキャリアコンサルティング」を名乗っている以上は、常に理想を追求し続けなくてはなりません。人助けというのは、忙しかったり、気が抜けているとスルーしがちです。でも、常にここだけは忘れないようにしています。「悪い心が出たら、もぐら叩きのように」と稲盛さんは言っていましたが、まさにそういうことです。

だから、忘れそうになったら思い出すということを何度も繰り返して、そういう社風をつくり上げています。

困っている人を見かけたら、その手助けをするのが我々の仕事なのです。

大事なものを差し出すということも器の大きさにつながるかもしれません。

以前、社員たちとゴルフに行った時の話です。私も社員も、みんなで楽しみにしていたゴルフでしたが、ゴルフ場に着いた時に、私の車のタイヤがパンクしているることがわかりました。誰かが修理に行かなければいけませんので、ある社員は「私が修理に行ってきますので、ぜひ社長はゴルフをしてください」と申し出てくれました。

ただ、私はまたゴルフをする機会もあります。しかし、この社員にとってはもしかしたらゴルフを頻繁にする機会はないかもしれないと思った時に、直感的に「いや、俺が修理に行ってくるから、みんなでゴルフを楽しんでくれ、これは社長命令だ（笑）」と言いました。

そして私はパンクの修理を終えて、ゴルフは後半から参加しました。社員たちはみんな「すみません。ありがとうございます」と少し恐縮していました。でもゴルフを楽しめた彼らの姿と表情を見て、私は嬉しくなりました。

ゴルフを楽しみにしていた気持ちはみんな一緒です。でも、それを人から奪ってしまうのではなく、差し出すのです。

こうした、自分の大切なものや楽しみにしているものを誰かに差し出せることも、器の大きさにつながると思います。

そうしたことをやっていると、少しずつ自分の器が広がり、自分の精神がどんどん充実してきます。そして付き合う友だちも変わってくるのです。

柳生家の教えに「小才は縁に出会って縁に気づかず」とありますが、人と名刺交換してもその場で終わってしまうのが二〇代の頃です。「何かあったらよろしく」「今度ご飯を食べに行きましょう」と言っても、大体、口約束で終わってしまいます。それが三〇代、四〇代と経験を重ねてくると、会って話すだけの価値のある人であると思えば、「ちょっと相談がある」と積極的に話を持って行くことができるようになります。器を大きくすると、そういうご縁や人脈ができてくるのです。

古い友人は大切にしないといけないけれども、器が広がっていく度に、新しい友だちがどんどんできてきて、これまで付き合えなかったような人たちが、その器の中に入ってくるのです。

自分がちゃんとしていて、横柄な態度をとらない。そして、何かご協力できませんかという姿勢でいれば、いろいろな人を紹介してもらえます。それが友だちを広げるコツです。特に会社を立ち上げたばかりの時は、このような姿勢が大切なのです。

難しいことではありません。あなたを連れていけば、自分の株が上がると思われればいいのです。だから、

「いろんな人に使われてやろう。いろんな人に得をさせてやろう」と思えたら、いろいろな話が不思議と来るのです。使ってやるから来いよ、と。

私も経営者ですから、いろいろなビジネスの誘いが来ます。

「今度いいビジネスがあるから、ちょっと協力してよ」

と言われます。

「わかりました。ただ条件があります。人がやりたがらない、儲からない仕事を手伝わせてください」

と申し出ます。この姿勢が大事です。

「なに？　儲かるの。ちょっとでもいいから俺にも儲けちょうだいよ、ちょうだいよ」

と、そんなみっともないことはしません。

お金では動かないというスタンスを、バシッと決めるのです。そういうことをさらっと言えるようになれば、みなさんの器もぐっと広がってきます。

考えてみれば、「人間の器」というのは難しい表現です。若いみなさんは「器を大きくしろ」なんて言葉はあまり聞かないかもしれません。でも、「器が小さい」とはよく言いますね。器が小さい代表選手と言えば、「今だけ、金だけ、自分だけ」でコスパを優先して、「それってバイト代、出るんですか？」「それってお金、もらえるんですか？」って言うような人。それから、すぐ怒る人。電車で赤ちゃんが泣いていたら「うるさい！」と怒鳴るような人は、器が小さい。器が大きい人は、そんなことで怒ったりしません。器が小さいと許容範囲が狭くて、すぐにいっぱいいっぱいになってしまうのです。

器が広がれば人脈、お金・給料、知識・教養も自然と入ってくるようになります。

そうして少しずつ人脈が増えていく中で、様々な先生方とのご縁をいただき、今のキャリアコンサルティングがあります。

設立当時は「売上高三〇〇億円を目指すぞ」と言っていました。渋谷のＩＴベンチャー社長たちとよく交流の場を持っていました。売上を上げる、上場する。そうじゃなければ意味は無いという売上至上主義の考えに囲まれていました。

そういう人たちと一緒にいて話を聞いていると、ビジネスのスケールが大きくて、とんでもない額のお金儲けの話が飛び交っていました。三〇〇億円という目標も、そんなところから浮かんできたのです。

しかし、お金儲けの話は、聞いていてそれほどわくわくしなかったのも事実です。むしろ、そこにいるだけで劣等感を抱いてしまいました。

全く同じ頃、あるセミナーに参加しました。そこで、とある大企業の超有名な社長さんが、「たまに小さな会社の社長で、日本を良くするとか社会を良くすると言う人がいるけれど、そんなのは犬がわんわん吠《ほ》えているようなものだ」というような話をされました。それを聞いて、私は耳を疑いました。その人は、「会社は大きくしなければ意味はない」と言っているのですが、私は「犬がわんわん吠えているようなもの」という言葉が自分に向けて言われているみたいに感じて、悔しくて仕方がありませんでした。

セミナーの後の懇親会でもずっとその人が気になって、近くでウォッチングしていました。九時過ぎに懇親会が終わって会社に戻ったのですが、眼が冴《さ》えてしまって、結局、そこで一夜を明かしました。あんなことはその時以外は一度もありません。ホントに悔しくて、やるせない気持ちでいっぱいで、気がついたら朝の六時になっていたのです。

私は「そんなことはない」と思いました。一人ひとりが集まって、一億二〇〇〇万人の日本が成り立っている。仕事をしないで子育てだけをしているお母さんは役に立っていないのかといえば、絶対にそんなことはない。みんな、お母さんに育てられて、学校に通っている。この国は、そういう一人ひとりの頑張り、努力、想い、そういったもので成り立っているんじゃないか。小さくても頑張っている会社はたくさんあるし、大きい会社だけが発言権を持っているような言い方はおかしい、と。

そこから「くにまもり」という想いに火がついていきました。「俺がやってやる」という気持ちが湧きたってきました。利益追求を掲げる会社はいくらでもあるけれど、世の中の役に立つ人をつくるという会社はなかなかない。これでやってやると、自分で意識を固めていったのです。

だから今では、「犬がわんわん吠えているようなもの」と言ってくれた人には感謝しています。

自分はどういう方向を目指すべきかと考えている時に、たまたま出会ったのが中條高徳《なかじょうたかのり》先生でした。ビジネスの世界の人なのに、以前は軍人だったというので興味を持ったのですが、名刺交換をして、親しくお話を聞いて感動しました。その中條先生の本に『致知』の広告があって、それをきっかけに致知出版社の藤尾社長と今度は本格的に出会いました。その同じ時期に、矢野彈《だん》先生やペマ・ギャルポ先生とも知り合いました。

この方々との出会いによって、私は、ビジネスの方法だけでなく、付き合う人間や人生のことまで考えるようになりました。そして三五歳の頃に、「私の人生は、人を育てていくために使おう。立派な人材を世に輩出していくんだ」と決意して、二〇〇九年二月一一日の建国記念の日に二〇代の若者が「日本を良くするために自分に何ができるか」について自らの主張を披露する「くにまもり演説大会」を始めたのです。

二九歳で飲食か教育かと考えて教育の道を選びました。しかし、三〇代前半にそれを忘れてお金儲けのビジネスの方に行きかけました。そして、三〇代半ばでハッと気がついて、人材を輩出して良い日本にしていこうという方向性が固まったのです。

尊敬する故・中條高徳先生と

器を広げていって人脈が変わって、三〇代半ばで次のステージに進んだような感じがします。

今では「くにまもり」を掲げて、日本のため、地域のため、次世代のための貢献を一番に掲げて経営をしています。

それは、中條高徳先生、矢野彈先生、ペマ・ギャルポ先生、そして藤尾社長といった方々との出会いのおかげです。

器を広げて、実力をつけて、能力をつけていけば、紹介が増えていきます。すると、自分が想像していない世界が展開していきます。
周りがあなたにふさわしい人脈を連れてくるのです。

テレビでよく見る著名人や政治家に会うと緊張します。近くにいるだけでも緊張するし、ましてや名刺交換などできません。どうすればいいかと思っていた時に、ある先生から「有名人や政治家との付き合いも、慣れだよ。パーティーに出かけたら、最前列で話を聞いて、積極的に名刺交換をすれば良いんだよ。そのうち慣れてくるから」と教わりました。
私はそのアドバイスを素直に実行して、それからしばらく、政治家のパーティーのお誘いがあった時には、最前列のテーブルで、名刺交換をしたり一緒に写真を撮ったりしました。たしかに、繰り返すうちに慣れてきました。そういうふうに接していると、だんだん自分がそこにふさわしい人間になるというか、そこにいることが板についてくるのです。それによって、どんどんご縁が広がっていきました。これも一つの器の拡大です。

そのおかげで、後に安倍晋三元総理大臣や、小池百合子東京都知事に対してインタビューをする機会があった際にも、良い緊張感の中でリラックスして、大変楽しく、聞きたいことを聞くことができました。

器の拡大はあなたの明るい未来に直結しています。ぜひ少しずつでも、器を広げることに注力してみてください。

令和２年の初詣にて。社員・メンバーさんと共に

7 感謝の気持ちを忘れるな

器を広げるために大事なことは様々ありますが、周りの人に対する感謝の気持ちがとても大事です。私が特に、若者に対して教育する中で伝えていることは二つあります。一つ目は「母親への感謝」。二つ目は「先人への感謝」です。

一つ目の「母親への感謝」についてです。自分の両親、その両親と一〇代遡《さかのぼ》っていくと、一〇二四人になります。そのうちの誰か一人でも欠けていたらあなたは生まれていません。ご先祖様はあなたのルーツですから、ご先祖様に感謝をすることはとても大切なことです。

その中でも特にお母さんは、あなたにとって特別な存在です。

成功している人にインタビューをすると、母親に感謝している方が圧倒的に多いことがわかります。自分以外の他人で、もっとも感情移入しやすいのがお母さんでしょう。母親への感謝の気持ちがなければ、上司や同僚や部下にも感謝の気持ちを持つことはできないでしょう。

誰でもお母さんの胎内で十月十日《とつきとおか》育ててもらって、この世に生まれてきます。

お腹に赤ん坊を抱えながら生活をするお母さんの制約は大変なものでしょう。子どもを産む時の陣痛の苦しみもあります。

それを経て子どもが生まれた時、お母さんは「生まれてきてくれてありがとう」と、みんなが思い、我が子を抱きしめるのです。そうやって抱きしめられたのが、あなたなのです。

生まれた後も、放っておかれたら赤ん坊は生きていけません。自分一人で戸棚や冷蔵庫を開けてものを取って食べられるようになるまでには三年ぐらいかかりますから、それまではお母さんに育ててもらうしかありません。それがなければ、みんな今、ここにいないのです。そう思えば、母親にはいくら感謝しても感謝しきれません。

誕生日は、親に「プレゼントくれよ」と言うのが普通の若者かもしれませんが、「ああ、この日はお母さんが、人生で一番痛い思いをして、私を産んでくれた日だ」

と思って、

「お母さん、ありがとう」

と感謝するのです。

あなたの誕生日はあなたが生まれた日かもしれませんが、お母さんから見れば、あなたを産んだ日です。だから、お母さんにとっても大事な記念日なのです。誕生日はあなたが生まれた日であると同時に、「お母さんが頑張ってくれた日」でもあるのです。誕生日プレゼントをもらうことを楽しみにしている方もいると思いますが、誕生日にはお母さんに感謝の気持ちを示してみてはいかがでしょうか。

意外と、改まって感謝の言葉を伝えたり親にプレゼントをしたりしたことがない、という若者たちの声も聞きます。逆に、私のアドバイスをきっかけに、誕生日を機に「お母さん、産んでくれてありがとう」と伝えたことで、長年ギクシャクしていた親子の仲が改善したという声もいただきました。

その人は小さな頃に両親が離婚して、お父さんについて行きました。以来、二〇年間、お母さんに会うことはありませんでした。ところが、大学の学園祭に突然お母さんがやって来て、連絡先をもらいました。しかし、わだかまりは簡単には解けず、連絡はしませんでした。

そんな時にキャリアコンサルティングと出会い、私から親孝行の話を聞いて「あっ」と思ったそうです。その人はすぐにお母さんに連絡をして、弟と一緒に会いに行きました。その時にお母さんに感謝を伝え、抱き合って号泣したそうです。そこで関係は修復されて、その後は一緒に食事をしたり、たまに泊まりにも行くようになったと話してくれました。

ぜひ、みなさんも大人なのですから、誕生日はプレゼントをもらう日ではなく、「お母さんに感謝をする日」としてみてはいかがでしょうか。

ちなみに私がどんな親孝行をしてきたかをお話しすると、働くようになってから、まず母にはカルティエの鞄《かばん》、父にはダンヒルのライターをプレゼントしました。でも、母がこの鞄を使っているところを一回も見たことがありません。田舎の母ちゃん特有の「もったいないから使わない」です。父はたまにダンヒルのライターで火をつけて煙草を吸っていると母から聞きました。

若い時はそういうプレゼントをしたり、車を買うという時にお金を半分出したりといったことをしていました。でも、三〇歳を過ぎて、四〇歳近くになると、一番の親孝行とは、できるだけ一緒にいてあげることであったり、買い物に付き合うことであったり、世間話をしたり愚痴を聞いてやることなのだとわかってきました。

だから、母が墓参りや買い物に行く時には、率先して運転をして連れて行って、話を聞いたり、荷物を持ったりするようになりました。

それから、いつも機嫌よくいて、ご飯の時には「いただきます」「ご馳走様でした」と元気に言うのも最高の親孝行だろうと思って実践しました。

職場の仲間を家に連れて行って、母親の料理を食べさせたり、一泊させたりもしました。職場の仲間が「うまい、うまい」と料理を食べると、母も喜びました。そんなことが生きがいになるのです。

父について言えば、私が仕事で活躍したという話を聞くと嬉しそうにしています。小池百合子都知事にインタビューした時の記事なども喜んで見ていました。私が本を出した時は、本屋に行って一〇冊ぐらい買って、魚市場の休憩室で若手に配ったそうです。父にとっては自慢の息子なのでしょう。

また、お酒を飲みながら、商売の秘訣とか、壁に当たった時やトラブルの対処法とか、ライバルが出現したらどうするかといった質問をすると、父は楽しそうに答えました。実はこれが一番の親孝行だったのかなと思っています。

みんなそれぞれ自分なりの親孝行の方法があると思いますが、産んで育ててくれた両親、とりわけ母親には感謝するしかありません。

もう一つの「先人への感謝」とは、日本人として、今の日本を創るために尽力してくれた先輩たちや、先の大東亜戦争で国を守るために命を落とした方々への感謝です。

当時、戦場で戦い、死んだのは、その多くが二〇代の若者たちでした。みなさんと同年代の若者が、国を守るために兵隊さんとして戦ったのです。誰だって死にたくはありませんでした。けれどもなぜ戦ったのか。それは自分の父親、母親、兄弟、妻、我が子、親戚、近所の子どもたちを守るためでした。

自分が犠牲になってでも、自分の妻や子どもや親が守られるのであれば、死を顧みず戦おう。ほとんどの人はそう考えて、戦って死んでいったのです。

特攻隊もそうです。死を覚悟して敵艦に突っ込んでいったのは、家族を守るためでした。

このような内容の遺書が残っています。

「父ちゃん、母ちゃんへ。今まで二二年間ありがとうございました。私はなんの親孝行もできませんでした。感謝をすることも、手伝うこともできずにすみませんでした。私は神風特攻隊に任命されたのでいってきます。弟のひろしは布団を蹴飛ばす癖があるけど、風邪などひいていませんか。体に気をつけて長生きしてください」

こんなことを二二歳の青年が書いて、自分は特攻隊として、敵の戦艦に突っ込んでいったのです。

また、特攻隊の青年兵たちを指揮していた藤井中尉という方は、最後は自分が責任をとるしかないということで、私を特攻隊にしてくださいと志願しました。けれども許可されませんでした。

どうしてですかと聞いても、上官は「とにかくダメだ」と言うばかりです。その理由を裏で聞いてみると、奥さんと二人の子どもがいるからということでした。藤井中尉は悩みました。それを横で見ていた奥さんは、ある決意をし、それを実行します。

ある日、藤井中尉が家に帰ると、ちゃぶ台の上にメモがあり、こう書かれていました。

「先にいってます。思う存分、責任を全《まっと》うしてください」

なんと藤井中尉の奥さんは子ども二人を抱えて、荒川に入水《じゅすい》自殺をされたそうです。

藤井中尉はそのメモを握り締めて、もう一度軍に行って特攻隊に志願しました。すると任命が下されました。よし、今から行くぞと、奥さんと子どもの顔を思い浮かべ、飛行機に乗り込み敵艦めがけて突っ込んでいきました。後の調査によると、この藤井中尉が乗った飛行機は見事、敵艦に体当たりを果たしたことが、米軍らの記録の照合から判明しています。

特攻隊員の中には、出撃直前に電話がかかってきて、

「あなた、今、生まれました」

と言われ、

「おお、声だけでも聞かせてくれ」

と、おぎゃーと泣く自分の子どもの泣き声だけ聞いて、飛び立ち、死んでいった人もいます。すべて実話です。なんという物語かと思います。こういう想いで戦ったのです。

我々は、生きていることが当たり前と思っていませんか。でも当たり前ではな

夢を追う若者で熱気あふれる
キャリアコンサルティングフォーラムの様子

いのです。

中には一七歳、一八歳で、何にも知らないまま死んでいった人がたくさんいたのです。母親は一七歳の息子を戦争に行かせる時、女性も知らないまま死ぬことを哀れんで、せめてもと、息子のためにお人形をプレゼントしました。

せめてこの人形を抱いて持って行ってくれと、その人形が何体も靖国神社に並んでいます。遊びたかったろうに、踊りも踊りたかったろうに、結婚もしたかったろうに、ピクニックにも行きたかったろうに、いろいろやりたかったと思います。夢もあったと思います。それでも生きられなかったのです。

せめて、未来の若者たちのために日本を守ろう、そう思って飛び立っていきました。

にもかかわらず、

「夢がないっす。働く気が起きないっす。最近、やる気がないっす……」

そう言って怠けることを正当化している若者を見ると、とても残念に思います。天国で先輩たちが怒っていますよ。

せめて、目標を立てて頑張るとか、器を広げて自分を高めるとか、社会貢献するとか、国のために頑張る。

当時死んでいった先輩のことを考えると、私たちが一所懸命に生きるのは、せめてもの礼儀なのではと思います。

戦争で死んでいった人たちは、今の日本を見てどう思っているのでしょうか。

私はなんとかしなくてはと思います。

若者が「私たちが日本を、社会を変えてやろう」と思える社会を目指して尽力しています。

先祖とか先人の努力について話をすると、若い人は意外に耳を傾けます。『日本書紀』の記述に基づけば、日本は初代神武天皇から数えて二六〇〇年を超える歴史があります。この間、日本には様々な国難がありました。戦争も自然災害もありましたけれど、ご先祖様は命がけで日本という国を守ってきたのです。それが今につながっているということです。

それだけではありません。世の中には、いろいろな職業の人がいますが、電車やバスなどの公共交通機関が走る高速道路や線路は、みんな先人が汗水流して造ってくれたものです。私たちはその恩恵を受けて生活しているのです。総理大臣がいくら偉くても、それを全部一人で造れるわけではありません。学校に行った人も、行かない人も、みんなそれぞれの立場で努力をして、この日本を創り上げているのです。

どんなにひどい自然災害に遭っても、すぐに復興に向けて立ち上がるという日本人の生き方も、先人たち、私たちの先輩たちから受け継いでいるのです。そういう恩恵を忘れてはいけない、ということです。

先人たちは、自分の日々の生活を送りながら、職業を通して公のことを考えて、未来の日本人のために、未来の子どもたちのために頑張ってきました。それなのに、私たちが「今だけ、お金だけ、自分だけ」で良いんですかということなのです。やはり、自分のことだけではなくて、二世代、三世代先のことまで考えながら生きていかなくてはいけないいんじゃないですか、と言いたいのです。

よく「未来の子どもたちから今預かっている日本」という言い方をします。私たちは今、この日本という国を未来の子どもたちから預かっているのです。だから、自分たちの世代で少しでも良い状態にして、次の世代へバトンタッチしなくてはいけない。そうやってバトンを渡すという意識を持つ必要があると思うのです。

感謝ということに関連して、もう一つ。私が社長になった後で失敗から学んだことをお話しします。

会社を立ち上げて約三年。変革期でワークハードして頑張っていた社員がバタバタと倒れてしまったのです。私自身も尿路結石に三回もなりました。

それまでの私は、毎月風邪をひくし、いつも下痢をしていましたが、健康は体質だから仕方ないと片付けていました。しかし、本当の原因は体質ではなく、不健康な生活を送っていたことだったのです。会社を立ち上げた頃は、しょっちゅうカップラーメンを食べていましたし、コンビニのおにぎりや弁当が中心の食生活でした。思い切ってそれをやめたら、月一でひいていた風邪が年一になり、下痢もほとんどしなくなりました。

私が生活を改めたのは、その頃致知出版社の読者の集いで出会った、縄文ストレッチの倉富和子先生からメンタルとフィジカルについて習ったことが大きかったと思います。社長が肩こりの会社は従業員も肩こりになり、社長が腰痛の会社は従業員もなぜか腰痛になる。だから、社長の責任は重いんだということを教わって、生活をすべて見直したのです。

自分ひとりのことならそこまで変えなかったかもしれません。しかし、社長が変わらなければ社員に迷惑をかけるという言葉がグサっと刺さって、決意して毎日ストレッチを行い、歩く量を増やし、コンビニ中心の食事からなるべく体に良いものをとるように変えていきました。それまでは甘い缶コーヒーを一日七、八本も飲んでいましたが、それもやめました。栄養ドリンクを飲むのもやめました。

それから二〇年、尿路結石にもなっていないし、体重も無理なく七、八キロ減りました。おかげさまで社員もみんな健康です。今では健康経営優良法人に認定され、上位の中小企業に与えられる「ブライト５００」をいただくまでになりました。

健康経営を維持することとは、自分だけではなくて社員も健康に恵まれるということですから、経営のロスもなくなります。健康経営を意識すると、病気にかかりにくくなり、結果として仕事のロスが減るのです。どんなに能力が高い社員がいても、会社に来れなければ戦力になりません。だから、みんなが無事に出社できるというのは素晴らしいことなのです。

その意味では、仕事を無くしても、人生にとって健康が第一です。そういう考えから、私は健康経営に力を入れています。今ではそれが会社のブランディングにも活きてきています。良い仕事をするためには、まず自分の健康と社員の健康を整えることが大事だということです。元気な時は意識することが少ないかもしれませんが、健康であることに感謝しなければならないと思います。

茶道で心を静める。着物塾でお世話になっている
きもの さわらびの野倉幸男先生宅にて

8

あなたが夢になれ

最近はかっこいい大人が減ったと思います。「大人＝ダサい」と若者に見られています。

身近なところにリアルなヒーローがいないのです。それでは日本は良くなりません。そのためにはみなさんの力が必要なんです。

「これから夢を見つけます」「夢を探します」もいいけれど、私がいつも言っているのは、

「あなたが夢になれ」

ということです。

あなた自身が小さな成功を積み重ねて、周りの人の夢になってください。近所の子どもたち、学校の後輩、会社の後輩、そういう後に続く人たちが憧れ、目標とするような「小さなヒーロー」になってください。

そうじゃないと日本は良くなりません。一〇年後、二〇年後に活躍しているのは、今の子どもたちですから。

仕事もできて、遊びもできる。おもしろい。そしてまともなことも言える。そ

ういう人間がこの日本にいっぱいいたら日本は変わると思っています。

自分のことだけを考えるのではなくて、夢に社会貢献を加えたものが志です。野望は誰も引き継いでくれないけれど、志は引き継いでくれる人が必ず出てきます。一代でできることには限りがありますが、個人の思想であれ、会社であれ、志は引き継がれるのです。

そんな志を持ったリーダーを輩出して、さらに良い国にしていきたいという想いのもと、会社を創って一〇年の歳月を経て二〇一三年に完成した教育プログラムが「しがく式」です。「しがく式」は、ランクごとに設定されたテーマを一つひとつ身につけながら、リーダーにふさわしい人材を育成していくためのプログラムです。

この「しがく式」を受講した人たちの中から、素晴らしいリーダーがたくさん育ちました。あれから一〇年が経過し、大学生から社会人まで、受講者も一万五〇〇〇人を超えています。

現時点でも、メンバーさん（受講者）からは実に多くの「小さなヒーロー」が生まれています。政治家になった人、二〇代で企業の役員になった人、大手企業の最年少マネージャーになった人、小学校の最年少学年主任になった人もいます。新入社員の代表スピーチをする人、新人賞を取る人なども、たくさん出てきています。

ある女性は、ある地方自治体で一〇〇〇億円の水道事業のプロジェクトリーダーになり、一〇〇人の部下を抱えています。その女性は一〇年前には、「しがく総合研究所」のまかない班に所属して、学生にカレーライスを出していました。研究所の部屋でカレーを作りながら、「興味があるから研究生になりたい」と二〇代半ばで研究生として入ってきて、一〇〇年後の水の研究をしていました。そうしたらそれが面白くなってしまって、高級ブランドの倉庫会社から転職して大手の水の会社に入って結果を出して、三〇代半ばにして地方自治体の大規模プロジェクトのリーダーに抜擢《ばってき》されたのです。

彼ら彼女ら自身が、小さなヒーローとして、周りの夢となっています。

私自身も、まだまだ夢を追いかけている途中です。現在は地方活性化が夢です。東京の八王子市にあるプロバスケットボールチーム「東京八王子ビートレインズ」が債務超過で潰れかかっているところで、B3リーグからも再建の依頼もあって手を挙げました。二〇二〇年に経営権を取得し、B1優勝、天皇杯獲得を目指して奮闘しています。

支援を始めて今年で四年目になりますが、再建は着実に進んでいます。その一環としてチームの選手やチアガールが子どもたちに教える活動があります。現在は子どもたちがバスケットボールのスクールやチアのスクールなどに五〇〇人ぐらいが参加しています。出前授業もしていますが、キャンセル待ちの状態です。

出前授業に行くと、子どもたちは身長が二メートルもある人を見たことがないから、家に帰ってから「おっきい人がいた」と興奮して、お母さん、お父さんに話すそうです。お母さん、お父さんもとても喜んでくれています。

それ以外にもチームのメンバーが観光大使を務めたり、市とがっちり連携を組んで再建を進めています。

チームを助けたいという気持ちとともに、バスケットボールチームの再建を通して、八王子市という地方都市を一層活性化させていきたい、そして子どもたちに夢と未来を与えたいという二つの経営理念でやっているので、地元からも大変な応援をいただいています。バスケットボールの力で、経済効果一〇〇億円を目指しています。

ぜひ、この本を読んだ方にも、少しでもご支援をいただければ幸いです。（詳細は巻末を参照）

最近は、地方活性化に参加したいという若者が増えています。一つ例を挙げれば、東日本大震災の時の福島第一原発事故の影響で住民が避難しなければならなかった葛尾《かつらお》村という村を復興するために、メンバーの下枝浩徳さんは葛力《かつりょく》創造舎を立ち上げ「しがく式」の手法を導入しています。この復興プロジェクトに若者たちがたくさん集まってきています。私自身も、二回ほど行って若者たちと交

プロバスケットボールチーム「東京八王子ビートレインズ」の
選手たちと（筆者コート中央）。前列はチアリーダー「Raily's」、
２列目右端はマスコットキャラクター「トレンチー」

流会を開きました。

ここでは、郡山女子大学と日本大学工学部の学生を集めて田植えをして、収穫した米で、「でれすけ」というお酒を造りました。そのほかにも、村に住みながらテレワークで仕事をしているGoogleの社員もいるそうです。

「しがく式」が広がったのは、くにまもり演説大会の影響が大きいと思います。くにまもり演説大会は二〇〇九年から続けていますが、自分にも日本のため、地域のため

に何かできることがないだろうか、と意欲を持った若者たちが、これまでに延べ一万四〇〇〇人ほどエントリーをしてくれています。

以上、私自身やメンバーさんが、夢を見て、夢を叶えてきたお話、そして今もなお夢を叶えている途中であるという話をしてきました。そうして夢を叶えていく姿が、誰かの夢になっているのです。

力のある人が要職について誠実に働けば、日本はすぐに良くなると私は考えています。でも、今はそういう人たちがどんどん海外に出て行っています。

たしかに自分の資産を守ることだけを考えたら、海外に住むほうが有利かもしれません。しかし、その人が仮に日本で私立学校を出たとしても、国民の税金から私学助成金が出ているのです。先にお話しした公共交通機関など、先人たちの造ったインフラも利用しているでしょう。

そういう恩恵を受けて大人に育ててもらっているわけですから、学力や社会的知識やリーダーシップを身につけたら、まず国に貢献してもらいたいと思うのです。自分がやりたい仕事の中でも、実力ある人間が重要ポストにつくことによって、より良い運営ができる仕事があるはずです。それが国に貢献することにもつながっていきます。

残念ながら、最近は、実力のある偉い人が不正を働くというニュースをちらほら見かけます。その意味では、権力を手にした時にいかに誠実に働けるか、いかに一燈照隅につなげていくかが問われているように思います。

最澄の言葉である「一燈照隅 万燈照国」。一つの灯りでは隅しか照らせないが、その灯りが一万集まれば国をも照らす。という意味です。ぜひあなたがその一つの灯りになってください。そして身近な人の夢になってください。周りに光を灯して、そうして灯りが伝播《でんぱ》していけば、いつかは万の灯りになって、日本全体を照らす大きな灯りになるのです。

また、世界を見ると、少子高齢化で悩んでいる国が行列をつくっています。日本はその先頭にいます。だから日本は少子高齢化による社会的課題を真っ先に解決して、世界の良き模範にならなければいけません。また、働き方に関しても、健康で気持ちよく、周りのために喜んで働くという仕事観を広めていきたい。そういう分野で、ぜひ日本が世界をリードしたいものだと思います。日本は治安もいいし、食べ物にも恵まれています。そういう良い国を創るために、世界の手本にならなければいけないのです。一人ひとりがそういう自覚を持たなければいけないと思います。

日本は自然災害も多い国です。だからこそ、昔から助け合いの精神が息づいてきました。トルコやシリア、モロッコの地震の惨状を見ると、日本の建物の耐震構造を教えてあげたいと思いましたし、インフラの整備も大事だと改めて思いました。もちろん、日本にも解決しなければならない問題がたくさんありますが、そういう問題を解決することで世界のお役に立てることも多いのではないかと感じます。

世界の手本となる国、日本。そのために、一人ひとりの若者が「夢を見て 夢を叶えて 夢になる」こと、次の若者の光になって希望になることです。一人ひとりの若者が日本全国を照らすことができれば、日本の未来は明るいのではないでしょうか。

みなさん一人ひとりが夢になってください。小さなヒーローがいっぱいいる国になれば、日本も変わってくると思います。

あとがき

いかがでしたでしょうか。私の経験を通して、少しでも夢を叶えるヒントになったのであれば幸いです。

会社設立から二〇年間、人材教育で私が一番大切にしてきたことが、若者に「やる気」を与えることです。世間には素晴らしい指導者、知識を蓄えるための本や資料など、成長するために大切なものはたくさんあります。しかし、学ぶ本人にやる気が欠けているとすべてが無意味なものになってしまいます。

反対に「学びたい！」「夢を叶えたい！」というやる気に溢れている方はどんな人、本、苦しい状況でさえもすべてを人生の糧にすることができます。

二〇年間で一万六〇〇〇人を超える若者にやる気を与えてきたからこそ、各方面で活躍するリーダーを輩出できたと思っています。彼らの活躍を耳にすることが、お金では買えない私の最大の幸せです。お話を聴くたびに感動し、もっと頑張ろうという活力にもなっています。

本書はリーダーシップの基礎を学ぶ教育カリキュラム「しがく式」において、最初の課題図書に設定しており、キャリアコンサルティングで学ぶ若者のほぼ全員に読んでいただいています。そんな若者たちには「読むのは簡単だけれど、実行に移すのがとても難しい本」として本書を紹介しています。

一八歳で学び始めた時、周りの人に比べて私は明らかに劣っていたと思います。周りの人は私より才能もあり、知識も豊富な方々ばかりでした。しかし、当時掲げた夢を叶えたという方は私も含めて数えるほどしかいないと思います。

それは、教わったことを素直に行動に移した方がほとんどいなかったからでしょう。私は周りより劣っているという自覚がありました。それでも絶対に夢を叶えたいと思い続けたからこそ、いくつもの夢を叶えることができたと思います。

もちろん、心が折れそうになった経験もたくさんあります。営業マンとして結果が出なかった時、お給料が止まって同僚がどんどん辞めていった時、諦めてもおかしくはないタイミングは何度もありました。それでも諦めずに踏ん張ることができたのは、「絶対に夢を叶えるんだ！」という強い意志があったこと、一八歳の時に研修で学んだことを忘れずに、素直に実践していたことが大きいと思います。

金なし・コネなし・学歴なしからスタートして現在は社長をしている私の姿は二〇代、三〇代の若者からすると成功者に見えるかもしれませんが、私自身はそんなつもりは全くありません。まだまだ叶えたい夢はたくさんありますから、世間の素晴らしい方々から勉強の毎日です。生涯挑戦者であり続け、人生の最後の瞬間まで器を拡大し続けていきたいと思っています。

本書を手に取っていただき、少しでも感じることがありましたら、是非とも行動していただきたいと思います。まずは小さくてもいいので、夢を見て、夢を叶える経験をしてみてください。夢や目標を一つずつ達成していくと、少し大きい次の夢ができると思います。そうしてどんどん夢を叶えていく姿に後輩たちは憧れ、気づけばご自身が誰かの夢になっていると思います。

夢を見て、夢を叶えて、夢になる若者がどんどん増えていけば、日本は今以上に魅力溢れる素晴らしい国になっていくと思います。

やる気を出して夢に向かって努力する若者のエネルギーは無限大です。これからも一人でも多くの若者の心に火を点け、日本がやる気にみなぎる人で溢れるように人生を使っていきたいと思います。

最後に、株式会社致知出版社様のご尽力によって本書の出版、増補改訂をすることができました。藤尾秀昭社長、柳澤まり子副社長、書籍編集部の小森俊司様に心より感謝申し上げます。

令和五年一二月

室舘　勲

本書は二〇〇七年十月に弊社より刊行された単行本『夢を見て 夢を叶えて 夢になる』に一部、加筆等を行い、増補改訂版として刊行するものです。

◆バスケットボールチームに関するお問い合わせ
東京八王子ビートレインズ
運営会社　株式会社 THT マネジメント
〒192-0904　東京都八王子市子安町３－６－７
サザンエイトビル１F
TEL　042 － 649 － 4440
URL　https://trains.co.jp/

著者プロフィール

室舘　勲（むろだて・いさお）

株式会社キャリアコンサルティング代表取締役社長。1971年青森県むつ市生まれ。高校卒業後に上京、20代の教育関連事業に15年携わり独立。2003年株式会社キャリアコンサルティング設立。教育事業「しがく」では、向上心あふれる社会人・大学生がリーダーシップの基礎を学んでいる。新卒紹介・就職支援事業「プレスタ」には、年間7000名の大学生が登録。プロバスケットボールチーム「東京八王子ビートレインズ」運営。致知出版社「全国社内木鶏経営者会」副会長、「ミス・ワールド日本大会」講師・審査員。著書に『夢を見て夢を叶えて夢になる』（致知出版社）、『まずは上司を勝たせなさい』（講談社）、『応援される人になりなさい』（WAC）がある。

株式会社キャリアコンサルティング
〒101-0051　東京都千代田区神田神保町3-19-1　九段インテリジェントビル
TEL　03-5214-6380／FAX　03-5214-6381
URL　https://www.c-consul.co.jp/

夢を見て 夢を叶《かな》えて 夢になる
［増補改訂版］

令和五年十二月十八日第一刷発行

著者　室舘　勲
発行者　藤尾　秀昭
発行所　致知出版社
〒150-0001東京都渋谷区神宮前四の二十四の九
TEL（〇三）三七九六―二一一一
印刷　㈱ディグ　製本　難波製本
落丁・乱丁はお取替え致します。　（検印廃止）

ISBN978-4-8009-1298-5 C0095
https://www.chichi.co.jp
books@chichi.co.jp

致知出版社の好評図書

「成功」と「失敗」の法則

稲盛和夫 著

京セラとKDDIを世界的企業に発展させた創業者が、「素晴らしい人生を送るための原理原則」を明らかにした珠玉の一冊。

定価／税込 1，100円

何のために生きるのか

五木寛之／稲盛和夫 著

一流の二人が人生の根源的テーマにせまった人生論。人生の生きる意味を深く語り合ったベストセラー。

定価／税込 1，572円

何のために働くのか

北尾吉孝 著

幼小より中国古典に親しんできた著者が著す出色の仕事論。十五万人以上の仕事観を劇的に変えた一冊。

定価／税込 1，650円

人生生涯小僧のこころ

塩沼亮潤 著

一千三百年の歴史の中で二人目となる大峯千日回峰行きを満行。想像を絶する荒行の中でつかんだ人生観が、大きな反響を呼んでいる。

定価／税込 1，760円

心に響く小さな5つの物語

藤尾秀昭 著

三十五万人が涙した感動実話。俳優・片岡鶴太郎氏による美しい挿絵がそえられ、子供から大人まで大好評の一冊。

定価／税込 1，047円

小さな人生論1～5

藤尾秀昭 著

多くの人に読まれている「人生論」シリーズ。散りばめられた言葉の数々は、多くの人々に生きる指針を示してくれる。珠玉の人生指南の書。

各巻定価／税込 各1，100円